MP3 다운로드 방법

컴퓨터에서 • 네이버 블로그 주소란에 www.lancom.co.kr 입력 또는
네이버 블로그 검색창에 **랭컴**을 입력하신 후 다운로드

• **www.webhard.co.kr**에서 직접 다운로드
아이디 : lancombook
패스워드 : lancombook

스마트폰에서 **콜롬북스 앱**을 통해서 본문 전체가 녹음된
MP3 파일을 **무료**로 **다운로드**할 수 있습니다.

• 구글플레이 · 앱스토어에서 **콜롬북스 앱** 다운로드 및 설치
• 회원 가입 없이 원하는 도서명을 검색 후 **MP3 다운로드**
• 회원 가입 시 더 다양한 **콜롬북스** 서비스 이용 가능

원하시는 책을
바로 구매할 수
있습니다.

전체 파일을
한 번에 저장할
수 있습니다.

MP3
사용법

▶ **mp3 다운로드**
www.lancom.co.kr에 접속하여 **mp3**파일을 무료로 다운로드합니다.

▶ **우리말과 일본인의 1 : 1 녹음**
책 없이도 공부할 수 있도록 일본인 남녀가 자연스런 속도로 번갈아가며 일본어 문장을 녹음하였습니다. 우리말 한 문장마다 일본인 남녀 성우가 각각 1번씩 읽어주기 때문에 한 문장을 두 번씩 듣는 효과가 있습니다.

▶ **mp3 반복 청취**
교재를 공부한 후에 녹음을 반복해서 청취하셔도 좋고, 일본인의 녹음을 먼저 듣고 잘 이해할 수 없는 부분은 교재로 확인해보는 방법으로 공부하셔도 좋습니다. 어떤 방법이든 자신에게 잘 맞는다고 생각되는 방법으로 꼼꼼하게 공부하십시오. 보다 자신 있게 일본어를 할 수 있게 될 것입니다.

▶ **정확한 발음 익히기**
발음을 공부할 때는 반드시 함께 제공되는 mp3 파일을 이용하시기 바랍니다. 언어를 배울 때 듣는 것이 중요하다는 것은 두말할 필요가 없습니다. 오랫동안 자주 반복해서 듣는 연습을 하다보면 어느 순간 갑자기 말문이 열리게 되는 것을 경험할 수 있을 것입니다. 의사소통을 잘 하기 위해서는 말을 잘하는 것도 중요하지만 상대가 말하는 것을 정확하게 듣는 것이 더 중요하다고 합니다. 활용도가 높은 기본적인 표현을 가능한 한 많이 암기할 것과, 동시에 일본인이 읽어주는 문장을 지속적으로 꾸준히 듣는 연습을 병행하시기를 권해드립니다. 듣는 연습을 할 때는 실제로 소리를 내어 따라서 말해보는 것이 더욱 효과적입니다.

이렇게
말해봐
여행일본어

이렇게 말해봐 여행일본어

2018년 05월 10일 초판 1쇄 인쇄
2018년 05월 15일 초판 1쇄 발행

지은이 박해리
발행인 손건
편집기획 김상배, 장수경
마케팅 이언영
디자인 이성세
제작 최승용
인쇄 선경프린테크

발행처 _LanCom_ 랭컴
주소 서울시 영등포구 영신로38길 17
등록번호 제 312-2006-00060호
전화 02) 2636-0895
팩스 02) 2636-0896
홈페이지 www.lancom.co.kr

ⓒ 랭컴 2018
ISBN 979-11-88112-92-0 13730

이렇게

말해봐
言ってみる 日本語の必須

여행
일본어

박해리 지음 旅行編

LanCom
Language & Communication

일본어회화를 위한 4단계 공부법

읽기 듣기 말하기 쓰기 4단계 일본어 공부법은 가장 효과적이라고

알려진 비법 중의 비법입니다. 아무리 해도 늘지 않던 일본어 공부,

이제 읽듣말쓰 4단계 공부법으로 팔 걷어붙이고 달려들어 봅시다!

읽기

왕초보라도 문제없이 읽을 수 있도록 일본인 발음과 최대한 비슷하게 우리말로 발음을 달아 놓았습니다. 우리말 해석과 일본어 표현을 눈으로 확인하며 읽어보세요.

✔ check point!

- 같은 상황에서 쓸 수 있는 6개의 표현을 확인한다.
- 우리말 해석을 보면서 일본어 표현을 소리 내어 읽는다.

듣기

책 없이도 공부할 수 있도록 우리말 해석과 일본어 문장이 함께 녹음되어 있습니다. 출퇴근 길, 이동하는 도중, 기다리는 시간 등, 아까운 자투리 시간을 100% 활용해 보세요. 듣기만 해도 공부가 됩니다.

✔ check point!

- 우리말 해석과 일본인 발음을 서로 연관시키면서 듣는다.
- 일본인 발음이 들릴 때까지 반복해서 듣는다.

쓰기

일본어 공부의 완성은 쓰기! 손으로 쓰면 우리의 두뇌가 훨씬 더 확

실하게, 오래 기억한다고 합니다. 각 유닛의 뒤쪽에 마련된 빈칸 채우기에 알맞는 단어를 써넣으면서 공부하다 보면 생각보다 일본어 문장이 쉽게 외워진다는 사실에 깜짝 놀라실 거예요.

✔ check point!

- 우리말 뜻을 보고 빈칸에 알맞는 단어를 적어넣는다.
- 일본인의 발음을 들으면서 별도로 준비한 노트에 써본다.
- 표현을 최대한 머릿속에 떠올리면서 쓴다.

말하기

듣기만 해서는 절대로 입이 열리지 않습니다. 일본인 발음을 따라 말해보세요. 계속 듣고 말하다 보면 저절로 발음이 자연스러워집니다.

✔ check point!

- 일본인 발음을 들으면서 최대한 비슷하게 따라 읽는다.
- 우리말 해석을 듣고 mp3를 멈춘 다음, 일본어 문장을 떠올려 본다.
- 다시 녹음을 들으면서 맞는지 확인한다.

대화 연습

문장을 아는 것만으로는 충분하지 않습니다. 대화를 통해 문장의 쓰임새와 뉘앙스를 아는 것이 무엇보다 중요하기 때문에 6개의 표현마다 Mini Talk를 하나씩 두었습니다.

✔ check point!

- 대화문을 읽고 내용을 확인한다.
- 대화문 녹음을 듣는다.
- 들릴 때까지 반복해서 듣는다.

이 책의 내용

PART

01

こんなふうに言ってみろ!

읽으면 읽을수록 외울 수밖에 없어요 신기한 소리내기 말이죠!

출입국

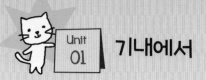

이건 어디에 두면 될까요?

これはどこに置けばいいですか。

고레와 도꼬니 오께바 이-데스까

이 짐을 부탁할게요.

この荷物をお願いします。

고노 니모쯔오 오네가이시마스

잠깐 지나갈게요.

ちょっと通してください。

촛또 도-시떼 구다사이

면세품을 기내에서 판매하나요?

免税品を機内販売していますか。

멘제-힝오 기나이 함바이시떼 이마스까

입국카드 쓰는 법을 가르쳐 주세요.

入国カードの書き方を教えてください。

뉴-코꾸카-도노 가끼카따오 오시에떼 구다사이

구토가 나는데 물 좀 주세요.

吐き気がするので、水をください。

하끼께가 스루노데, 미즈오 구다사이

다음 문장을 일본어로 말할 수 있는지 쓰면서 체크해 보세요.

이건 어디에 두면 될까요?

● これは 　　　　 置けばいいですか。

이 짐을 부탁할게요.

● この 　　　　 をお願いします。

잠깐 지나갈게요.

● ちょっと 　　　　 ください。

면세품을 기내에서 판매하나요?

● 免税品を 　　　　　 していますか。

입국카드 쓰는 법을 가르쳐 주세요.

● 　　　　　 の書き方を教えてください。

구토가 나는데 물 좀 주세요.

● 吐き気がするので、 　　　　　　　。

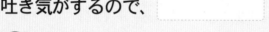

A: 飲み物は何がありますか。

노미모노와 나니가 아리마스까

마실 것은 뭐가 있나요?

B: コーヒー、紅茶、ジュース
　 などがございます。

코-히-, 코-챠, 쥬-스 나도가 고자이마스

커피, 홍차, 주스 등이 있습니다.

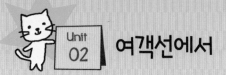

제 선실은 어디인가요?

わたしの船室はどこですか。

와따시노 센시쯔와 도꼬데스까

큰방 안은 자유석인가요?

大部屋の中は自由席ですか。

오-베야노 나까와 지유-세끼데스까

제 침구는 어느 것입니까?

わたしの寝具はどれですか。

와따시노 싱구와 도레데스까

바는 어디에 있나요?

バーはどこにありますか。

바-와 도꼬니 아리마스까

뱃멀미를 한 것 같은데요.

船酔いにかかったようです。

후나요이니 가깟따요-데스

지금 갑판에 나가도 되나요?

今デッキへ出てもいいですか。

이마 덱끼에 데떼모 이-데스까

제 선실은 어디인가요?

● わたしの ☐ はどこですか。

큰방 안은 자유석인가요?

● 大部屋の中は ☐ ですか。
おおべや なか

제 침구는 어느 것입니까?

● わたしの ☐ はどれですか。

바는 어디에 있나요?

● ☐ はどこにありますか。

뱃멀미를 한 것 같은데요.

● ☐ にかかったようです。

지금 갑판에 나가도 되나요?

● 今 ☐ へ出てもいいですか。
いま で

 Mini Talk

A: 売店はどこにありますか。
ばいてん

바이뗑와 도꼬니 아리마스까

매점은 어디에 있나요?

B: 二階のレストランの入口に
に かい いりぐち
あります。

니까이노 레스토란노 이리구찌니 아리마스

2층 식당 입구에 있습니다.

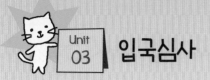

여권을 보여 주세요.

パスポートを見せてください。

파스포-토오 미세떼 구다사이

입국카드를 보여 주세요.

入国カードを見せてください。

뉴-코꾸카-도오 미세떼 구다사이

무슨 일로 오셨습니까?

どんな用事で来られましたか。

돈나 요-지데 고라레마시다까

어느 정도 머무르실 예정입니까?

どのくらいご滞在の予定ですか。

도노쿠라이 고타이자이노 요떼-데스까

어디에 머무르십니까?

どこにお泊まりですか。

도꼬니 오또마리데스까

숙박처는 아직 정하지 않았습니다.

宿泊地はまだ決めておりません。

슈꾸하꾸찌와 마다 기메떼 오리마셍

다음 문장을 일본어로 말할 수 있는지 쓰면서 체크해 보세요.

여권을 보여 주세요.

- ⬚ を見せてください。

입국카드를 보여 주세요.

- ⬚ を見せてください。

무슨 일로 오셨습니까?

- どんな ⬚ で来られましたか。

어느 정도 머무르실 예정입니까?

- どのくらい ⬚ の予定ですか。

어디에 머무르십니까?

- どこに ⬚ ですか。

숙박처는 아직 정하지 않았습니다.

- ⬚ はまだ決めておりません。

Mini Talk

A: 旅行の目的は何ですか。

료꼬-노 목떼끼와 난데스까

여행목적은 멉니까?

B: 観光です。

캉꼬-데스

관광입니다.

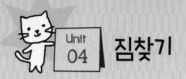

짐은 어디서 찾습니까?

荷物はどこで受け取りますか。

니모쯔와 도꼬데 우케또리마스까

카트는 어디에 있나요?

カートはどこにありますか。

카-토와 도꼬니 아리마스까

내 짐이 안 보이는데요.

わたしの荷物が見つかりません。

와따시노 니모쯔가 미츠까리마셍

여기 화물인환증 있어요.

荷物引換証はこれです。

니모쯔히키까에쇼-와 고레데스

분실한 짐은 몇 개입니까?

紛失した荷物は何個ですか。

훈시쯔시따 니모쯔와 낭꼬데스까

찾는 대로 호텔로 보내 주세요.

見つかり次第ホテルに届けてください。

미쓰까리 시다이 호테루니 도도께떼 구다사이

다음 문장을 일본어로 말할 수 있는지 쓰면서 체크해 보세요.

짐은 어디서 찾습니까?

- 荷物はどこで [_____] 。

카트는 어디에 있나요?

- [_____] はどこにありますか。

내 짐이 안 보이는데요.

- わたしの荷物が [_____] 。

여기 화물인환증 있어요.

- [_____] はこれです。

분실한 짐은 몇 개입니까?

- [_____] 荷物は何個ですか。

찾는 대로 호텔로 보내 주세요.

- [_____] ホテルに届けてください。

Mini Talk

A: 荷物の特徴を教えてください。

니모쯔노 토꾸쬬-오 오시에떼 구다사이

짐의 특징을 알려 주세요.

B: 大型のスーツケースです。
色は青色です。

오-가따노 스-츠케-스데스. 이로와 아오이로데스

대형 여행가방이고요. 청색입니다.

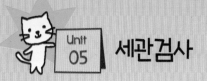

여권과 신고서를 보여 주세요.

パスポートと申告書を見せてください。

파스포-토또 싱코꾸쇼오 미세떼 구다사이

짐은 이게 다입니까?

お荷物はこれだけですか。

오니모쯔와 고레다께데스까

이 여행용 가방을 열어 주세요.

このスーツケースを開けてください。

고노 스-츠케-스오 아께떼 구다사이

이 내용물은 뭡니까?

この中身は何ですか。

고노 나까미와 난데스까

그건 제 일용품입니다.

それはわたしの身の回り品です。

소레와 와따시노 미노마와리힌데스

이건 과세 대상이 됩니다.

これは課税の対象となります。

고레와 가제-노 다이쇼-또 나리마스

여권과 신고서를 보여 주세요.

- パスポートと 　　　　 を見^みせてください。

짐은 이게 다입니까?

- お荷物^{にもつ}は 　　　　 ですか。

이 여행용 가방을 열어 주세요.

- この 　　　　　 を開^あけてください。

이 내용물은 뭡니까?

- この 　　　 は何^{なん}ですか。

그건 제 일용품입니다.

- それはわたしの 　　　　 です。

이건 과세 대상이 됩니다.

- これは 　　　　 となります。

Mini Talk

A: 特別^{とくべつ}に申告^{しんこく}するものはありますか。

도꾸베쯔니 싱코꾸스루 모노와 아리마스까

특별히 신고할 물건은 있습니까?

B: 申告^{しんこく}するものはありません。

싱코꾸스루 모노와 아리마셍

신고할 것은 없습니다.

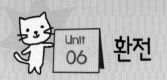

>> 녹음을 듣고 소리내어 읽어볼까요? <<< 듣기 >>>

환전소는 어디에 있나요?

両替所はどこですか。

료-가에쇼와 도꼬데스까

저기요, 돈을 바꾸고 싶은데요.

すみません、お金を換えたいのですが。

스미마셍, 오까네오 가에따이노데스가

일본 엔으로 환전해 주세요.

日本円に両替してください。

니홍 엔니 료-가에시떼 구다사이

한국 원의 환율은 어떻게 됩니까?

韓国ウォンの為替レートはどのくらいですか。

캉코꾸 원노 가와세레-토와 도노 쿠라이데스까

이 여행자수표를 현금으로 바꿔 주세요.

このトラベラーズチェックを現金にしてください。

고노 토라베라-즈첵쿠오 겡낑니 시떼 구다사이

잔돈도 섞어 주세요.

小銭も混ぜてください。

고제니모 마제떼 구다사이

다음 문장을 일본어로 말할 수 있는지 쓰면서 체크해 보세요.

환전소는 어디에 있나요?

● _____ はどこですか。

저기요, 돈을 바꾸고 싶은데요.

● すみません、 _____ のですが。

일본 엔으로 환전해 주세요.

● 日本円(にほんえん)に _____ ください。

한국 원의 환율은 어떻게 됩니까?

● 韓国(かんこく)ウォンの _____ はどのくらいですか。

이 여행자수표를 현금으로 바꿔 주세요.

● この _____ を現金(げんきん)にしてください。

잔돈도 섞어 주세요.

● _____ も混(ま)ぜてください。

A: どこで両替(りょうがえ)できますか。

도꼬데 료-가에 데끼마스까.
어디서 환전할 수 있나요?

B: 両替(りょうがえ)と書(か)いてあるところに
行(い)ってください。

료-가에또 가이떼 아루 도꼬로니 잇떼 구다사이
両替라고 써 있는 곳으로 가십시오.

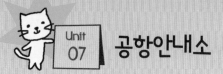

관광안내소는 어디에 있나요?

観光案内所はどこですか。
かんこうあんないじょ

강꼬-안나이죠와 도꼬데스까

호텔 목록은 있나요?

ホテルリストはありますか。

호테루 리스토와 아리마스까

시내지도를 얻을 수 있나요?

市内地図をもらえますか。
しないちず

시나이치즈오 모라에마스까

여기서 호텔을 예약할 수 있나요?

ここでホテルを予約できますか。
よやく

고꼬데 호테루오 요야꾸 데끼마스까

그 호텔은 어떻게 가나요?

あのホテルへはどうやって行くのですか。
い

아노 호테루에와 도-얏떼 이꾸노데스까

시내는 뭘로 가면 가장 빠른가요?

市内へは何で行けばいちばん速いんですか。
しない　なに　い　　はや

시나이에와 나니데 이께바 이찌방 하야인데스까

다음 문장을 일본어로 말할 수 있는지 쓰면서 체크해 보세요.

관광안내소는 어디에 있나요?

- [   ] はどこですか。

호텔 목록은 있나요?

- [   ] はありますか。

시내지도를 얻을 수 있나요?

- [   ] をもらえますか。

여기서 호텔을 예약할 수 있나요?

- ここでホテルを [   ] できますか。

그 호텔은 어떻게 가나요?

- あのホテルへは [   ] 行<ruby>く<rt>い</rt></ruby>のですか。

시내는 뭘로 가면 가장 빠른가요?

- <ruby>市内<rt>し ない</rt></ruby>へは<ruby>何<rt>なに</rt></ruby>で<ruby>行<rt>い</rt></ruby>けば [   ] んですか。

 Mini Talk

A: すみません、<ruby>観光案内所<rt>かんこうあんないじょ</rt></ruby>はどこですか。

스미마셍, 캉꼬-안나이죠와 도꼬데스까

미안합니다, 관광안내소는 어디에 있나요?

B: <ruby>一階<rt>いっかい</rt></ruby>にあります。

익까이니 아리마스

1층에 있습니다.

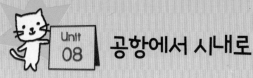

카트는 어디에 있나요?

カートはどこにありますか。

카-토와 도꼬니 아리마스까

짐을 트렁크에 넣어 주세요.

荷物をトランクに入れてください。

니모쯔오 토랑쿠니 이레떼 구다사이

이 호텔로 가 주세요.

このホテルへ行ってください。

고노 호테루에 잇떼 구다사이

시내로 가는 버스는 어느 것입니까?

市内へ行くバスはどれですか。

시나이에 이꾸 바스와 도레데스까

버스 표는 어디서 살 수 있죠?

バスの切符はどこで買えますか。

바스노 깁뿌와 도꼬데 가에마스까

이 버스는 어디에 섭니까?

このバスはどこに停まりますか。

고노 바스와 도꼬니 도마리마스까

다음 문장을 일본어로 말할 수 있는지 쓰면서 체크해 보세요.

카트는 어디에 있나요?

● ⬚⬚⬚⬚ はどこにありますか。

짐을 트렁크에 넣어 주세요.

● 荷物を ⬚⬚⬚⬚ に入れてください。

이 호텔로 가 주세요.

● このホテルへ ⬚⬚⬚⬚ 。

시내로 가는 버스는 어느 것입니까?

● ⬚⬚⬚⬚ バスはどれですか。

버스 표는 어디서 살 수 있죠?

● ⬚⬚⬚⬚ はどこで買えますか。

이 버스는 어디에 섭니까?

● このバスはどこに ⬚⬚⬚⬚ 。

💬 **Mini Talk**

A: 切符は乗る前に買うのですか。

깁뿌와 노루 마에니 가우노데스까

표는 타기 전에 사는 건가요?

B: いいえ、車内で運転手に払って
ください。

이-에, 샤나이데 운뗀슈니 하랏떼 구다사이

아뇨, 차 안에서 기사에게 지불하세요.

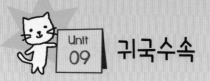

예약을 재확인하고 싶은데요.

リコンファームをしたいのですが。

리콩화-무오 시따이노데스가

비행편을 변경할 수 있나요?

便の変更をお願いできますか。

빈노 헹꼬-오 오네가이 데끼마스까

다른 항공사를 봐주세요.

ほかの会社の便を調べてください。

호까노 카이샤노 빙오 시라베떼 구다사이

해약 대기라도 괜찮아요.

キャンセル待ちでもけっこうです。

칸세루마찌데모 겍꼬-데스

빨리 가 주세요. 늦었어요.

急いでください。遅れているんです。

이소이데 구다사이. 오꾸레떼 이룬데스

기사님, 호텔로 돌아가 줄래요?

運転手さん、ホテルへ戻ってくれませんか。

운뗀슈상, 호테루에 모돗떼 구레마셍까

다음 문장을 일본어로 말할 수 있는지 쓰면서 체크해 보세요.

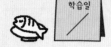

예약을 재확인하고 싶은데요.

● [   ] をしたいのですが。

비행편을 변경할 수 있나요?

● 便_{びん}の [   ] をお願_{ねが}いできますか。

다른 항공사를 봐주세요.

● ほかの会社_{かいしゃ}の便_{びん}を [   ] 。

해약 대기라도 괜찮아요.

● [   ] でもけっこうです。

빨리 가 주세요. 늦었어요.

● [   ] 。遅_{おく}れているんです。

기사님, 호텔로 돌아가 줄래요?

● 運転手_{うんてんしゅ}さん、ホテルへ [   ] 。

Mini Talk

A: 申_{もう}し訳_{わけ}ございませんが、
　　席_{せき}はひとつも残_{のこ}っておりません。

모-시와께 고자이마셍가, 세끼와 히또쯔모 노꼿떼 오리마셍
죄송하지만, 좌석은 하나도 남아 있지 않습니다.

B: キャンセル待_まちでお願_{ねが}いできますか。

캰세루마찌데 오네가이데끼마스까
해약대기로 가능한가요?

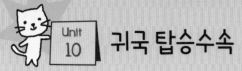

탑승수속은 어디서 하나요?

搭乗手続きはどこでするのですか。

토-죠-테쓰즈끼와 도꼬데 스루노데스까

항공 카운터는 어디입니까?

航空カウンターはどこですか。

코-꾸-카운타-와 도꼬데스까

공항세는 있나요?

空港税はありますか。

쿠-꼬-제-와 아리마스까

창쪽으로 주세요.

窓側の席をお願いします。

마도가와노 세끼오 오네가이시마스

이 가방은 기내로 가지고 들어갈 거예요.

このバッグは機内に持ち込みます。

고노 박구와 기나이니 모찌꼬미마스

탑승은 벌써 시작되었습니까?

搭乗はもう始まりましたか。

토-죠-와 모- 하지마리마시다까

탑승수속은 어디서 하나요?

- ⬜ はどこでするのですか。

항공 카운터는 어디입니까?

- ⬜ はどこですか。

공항세는 있나요?

- ⬜ はありますか。

창쪽으로 주세요.

- ⬜ をお願(ねが)いします。

이 가방은 기내로 가지고 들어갈 거예요.

- このバッグは機内(きない)に ⬜ 。

탑승은 벌써 시작되었습니까?

- ⬜ はもう始(はじ)まりましたか。

Mini Talk

A: お預(あず)けになる荷物(にもつ)はありますか。

오아즈께니나루 니모쯔와 아리마스까

맡기실 짐은 있으십니까?

B: 預(あず)ける荷物(にもつ)はありません。

아즈께루 니모쯔와 아리마셍

맡길 짐은 없습니다.

PART

02

こんなふうに言ってみろ！

먹어도 먹고
자도 보고
싸워도 싸우고
말했다!

숙박

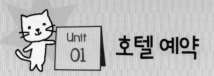

오늘밤 묶을 호텔을 예약하고 싶은데요.

今晩のホテルを予約したいのですが。

곤반노 호테루오 요야꾸시따이노데스가

다른 호텔을 소개해 주세요.

ほかのホテルを紹介してください。

호까노 호테루오 쇼-까이시떼 구다사이

오늘밤 방은 비어 있나요?

今晩部屋は空いていますか。

곤방 헤야와 아이떼 이마스까

욕실이 딸린 싱글은 얼마입니까?

バス付きのシングルはいくらですか。

바스 쓰끼노 싱구루와 이꾸라데스까

아침식사는 나옵니까?

朝食は付いていますか。

쵸-쇼꾸와 쓰이떼 이마스까

비성수기 할인은 없나요?

オフシーズン割引はありませんか。

오후시-증 와리비끼와 아리마셍까

다음 문장을 일본어로 말할 수 있는지 쓰면서 체크해 보세요.

오늘밤 묵을 호텔을 예약하고 싶은데요.

● [   ] を予約したいのですが。

다른 호텔을 소개해 주세요.

● ほかのホテルを [   ] ください。

오늘밤 방은 비어 있나요?

● 今晩部屋は [   ] 。

욕실이 딸린 싱글은 얼마입니까?

● バス付きの [   ] はいくらですか。

아침식사는 나옵니까?

● [   ] は付いていますか。

비성수기 할인은 없나요?

● オフシーズン [   ] はありませんか。

Mini Talk

A: 何泊のご予定ですか。

남빠꾸노 고요떼-데스까

몇 박 머무실 예정이십니까?

B: 三泊したいのですが。

삼바꾸시따이노데스가

3박을 하고 싶은데요.

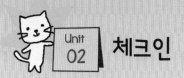

>> 녹음을 듣고 소리내어 읽어볼까요? <<< 듣기 >>>

체크인하고 싶은데요.

チェックインしたいんですが。

첵쿠인시따인데스가

예약은 안 했는데, 방은 있나요?

予約はしていませんが、部屋はありますか。

요야꾸와 시떼 이마셍가, 헤야와 아리마스까

조용한 방으로 주세요.

静かな部屋をお願いします。

시즈까나 헤야오 오네가이시마스

전망이 좋은 방으로 주세요.

眺めのよい部屋をお願いします。

나가메노 요이 헤야오 오네가이시마스

1박을 더 하고 싶은데요.

もう一泊したいんですが。

모- 입빠꾸 시따인데스가

이게 방 열쇠입니다.

こちらが部屋のカギとなります。

고찌라가 헤야노 카기또 나리마스

체크인하고 싶은데요.

- [   ] したいんですが。

예약은 안 했는데, 방은 있나요?

- [   ] が、部屋はありますか。

조용한 방으로 주세요.

- [   ] をお願いします。

전망이 좋은 방으로 주세요.

- [   ] をお願いします。

1박을 더 하고 싶은데요.

- もう [   ] んですが。

이게 방 열쇠입니다.

- こちらが [   ] となります。

Mini Talk

A: 予約はしてあるのですが。

요야꾸와 시떼 아루노데스가

예약을 했는데요.

B: お名前をお願いできますか。

오나마에오 오네가이 데끼마스까

성함을 말씀해 주시겠습니까?

>> 녹음을 듣고 소리내어 읽어볼까요? <<< 듣기 >>>

식당은 어디에 있나요?

食堂はどこにありますか。

쇼꾸도-와 도꼬니 아리마스까

아침식사는 몇 시부터 할 수 있나요?

朝食は何時から食べられますか。

쵸-쇼꾸와 난지까라 다베라레마스까

아침식사는 몇 시까지 할 수 있나요?

朝食は何時まで食べられますか。

쵸-쇼꾸와 난지마데 다베라레마스까

아침식사는 방에서 할 수 있나요?

朝食は部屋で取れますか。

쵸-쇼꾸와 헤야데 도레마스까

아침식사를 룸서비스할 수 있어요?

朝食をルームサービスできますか。

쵸-쇼꾸오 루-무사-비스 데끼마스까

부탁한 아침식사가 아직 안 왔어요.

頼んだ朝食がまだ来ません。

다논다 쵸-쇼꾸가 마다 기마셍

다음 문장을 일본어로 말할 수 있는지 쓰면서 체크해 보세요.

식당은 어디에 있나요?

- ⬜ はどこにありますか。

아침식사는 몇 시부터 할 수 있나요?

- ⬜ 食<small>た</small>べられますか。

아침식사는 몇 시까지 할 수 있나요?

- ⬜ 食<small>た</small>べられますか。

아침식사는 방에서 할 수 있나요?

- ⬜ で取<small>と</small>れますか。

아침식사를 룸서비스할 수 있어요?

- 朝食<small>ちょうしょく</small>を ⬜ できますか。

부탁한 아침식사가 아직 안 왔어요.

- ⬜ がまだ来<small>き</small>ません。

 Mini Talk

A: 何時<small>なんじ</small>にお持<small>も</small>ちいたしましょう。

난지니 오모찌이따시마쇼-

몇 시에 갖다 드릴까요?

B: 7時半<small>じはん</small>にお願<small>ねが</small>いします。

시찌지한니 오네가이시마스

7시 반에 갖다 주세요.

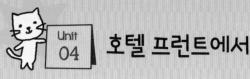
수영장은 무료입니까?

プールは無料ですか。

푸-루와 무료-데스까

선물을 살 수 있는 가게는 있나요?

おみやげを買える店はありますか。

오미야게오 가에루 미세와 아리마스까

정원에서 식사할 수 있나요?

庭で食事できますか。

니와데 쇼꾸지 데끼마스까

이 가방을 5시까지 맡아주었으면 하는데요.

このかばんを5時まで預ってもらいたいのですが。

고노 가방오 고지마데 아즈깟떼 모라이따이노데스가

여기서 관광버스 표를 살 수 있나요?

ここで観光バスのチケットを買えますか。

고꼬데 강꼬-바스노 치켓토오 가에마스까

이 소포를 한국으로 보내고 싶은데요.

この小包を韓国へ送りたいんですが。

고노 고즈쓰미오 캉코꾸에 오꾸리따인데스가

다음 문장을 일본어로 말할 수 있는지 쓰면서 체크해 보세요.

수영장은 무료입니까?

● [   ]は無料(むりょう)ですか。

선물을 살 수 있는 가게는 있나요?

● [   ]を買(か)える店(みせ)はありますか。

정원에서 식사할 수 있나요?

● [   ]できますか。

이 가방을 5시까지 맡아주었으면 하는데요.

● このかばんを5時(じ)まで[   ]のですが。

여기서 관광버스 표를 살 수 있나요?

● ここで観光(かんこう)[   ]を買(か)えますか。

이 소포를 한국으로 보내고 싶은데요.

● この[   ]を韓国(かんこく)へ送(おく)りたいんですが。

 Mini Talk

A: ホテルにはどんな施設(しせつ)がありますか。

호테루니와 돈나 시세쯔가 아리마스까

호텔에는 어떤 시설이 있나요?

B: ほとんどすべてそろって
おります。

호똔도 스베떼 소롯떼 오리마스

거의 모두 갖춰져 있습니다.

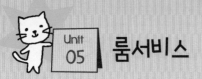
>> 녹음을 듣고 소리내어 읽어볼까요? <<< 듣기 >>>

룸서비스는 있나요?

ルームサービスはありますか。

루-무사-비스와 아리마스까

몇 호실입니까?

何号室ですか。
なんごうしつ

낭고-시쯔데스까

마실 물이 필요한데요.

飲む水がほしいのですが。
の　　みず

노무 미즈가 호시-노데스가

드라이어를 갖다 주세요.

ドライヤーを持って来てください。
も　　　き

도라이야-오 못떼 기떼 구다사이

잠시 기다려 주세요.

ちょっと待ってください。
ま

촛또 맛떼 구다사이

들어오세요.

お入りください。
はい

오하이리쿠다사이

다음 문장을 일본어로 말할 수 있는지 쓰면서 체크해 보세요.

룸서비스는 있나요?

● ☐ はありますか。

몇 호실입니까?

● ☐ ですか。

마실 물이 필요한데요.

● ☐ がほしいのですが。

드라이어를 갖다 주세요.

● ☐ を持って来てください。

잠시 기다려 주세요.

● ちょっと ☐ 。

들어오세요.

● ☐ ください。

 Mini Talk

A: モーニングコールをお願いします。

모-닝구코-루오 오네가이시마스

모닝콜을 부탁합니다.

B: 何時ですか。

난지데스까

몇 시에 말입니까?

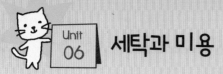

세탁을 부탁합니다.

洗濯物をお願いします。

센따꾸모노오 오네가이시마스

이 옷을 세탁해 주세요.

この衣類を洗濯してください。

고노 이루이오 센따꾸시떼 구다사이

이 와이셔츠를 다려 주세요.

このワイシャツにアイロンをかけてください。

고노 와이샤츠니 아이롱오 가케떼 구다사이

호텔 안에 이발소는 있나요?

ホテル内に理髪店はありますか。

호테루 나이니 리하쯔뗑와 아리마스까

헤어드라이로 말려 주세요.

ヘアドライヤーをかけてください。

헤아도라이야-오 가케떼 구다사이

가능한 빨리 해주세요.

できるだけ早くお願いします。

데끼루다께 하야꾸 오네가이시마스

다음 문장을 일본어로 말할 수 있는지 쓰면서 체크해 보세요.

세탁을 부탁합니다.

- ［　　　　］をお願<small>ねが</small>いします。

이 옷을 세탁해 주세요.

- この衣類<small>いるい</small>を ［　　　　］ ください。

이 와이셔츠를 다려 주세요.

- このワイシャツに ［　　　　］ をかけてください。

호텔 안에 이발소는 있나요?

- ホテル内<small>ない</small>に ［　　　　］ はありますか。

헤어드라이로 말려 주세요.

- ［　　　　］をかけてください。

가능한 빨리 해주세요.

- ［　　　　］お願<small>ねが</small>いします。

A: 洗濯物<small>せんたくもの</small>の仕上<small>しあ</small>がりはいつですか。

센따꾸모노노 시아가리와 이쯔데스까

세탁은 언제 다 되나요?

B: 明日<small>あした</small>までには仕上<small>しあ</small>がります。

아시따마데니와 시아가리마스

내일까지는 됩니다.

방이 무척 추운데요.

部屋がとても寒いんですが。

헤야가 도떼모 사무인데스가

에어컨이 고장났습니다.

エアコンが壊れています。

에아콩가 고와레떼 이마스

화장실 변기가 막힌 것 같은데요.

トイレが詰まってしまったようです。

토이레가 쓰맛떼 시맛따 요-데스

샤워기에 뜨거운 물이 나오지 않아요.

シャワーのお湯が出ません。

샤와-노 오유가 데마셍

무슨 이상한 냄새가 나는데요.

何か変なにおいがします。

낭까 헨나 니오이가 시마스

텔레비전 화면이 너무 안 좋아요.

テレビの映りが悪すぎます。

테레비노 우쯔리가 와루스기마스

다음 문장을 일본어로 말할 수 있는지 쓰면서 체크해 보세요.

방이 무척 추운데요.

- ☐ がとても寒^{さむ}いんですが。

에어컨이 고장났습니다.

- ☐ が壊^{こわ}れています。

화장실 변기가 막힌 것 같은데요.

- ☐ が詰^{つま}まってしまったようです。

샤워기에 뜨거운 물이 나오지 않아요.

- ☐ のお湯^ゆが出^でません。

무슨 이상한 냄새가 나는데요.

- 何^{なん}か ☐ がします。

텔레비전 화면이 너무 안 좋아요.

- ☐ の映^{うつ}りが悪^{わる}すぎます。

Mini Talk

A: 責任者^{せきにんしゃ}とお話^{はな}ししたいのですが。

세끼닌샤또 오하나시시따이노데스가

책임자와 이야기를 하고 싶은데요.

B: どうもすみません。すぐ
メードを寄越^{よこ}します。

도-모 스미마셍. 스구 메-도오 요꼬시마스

대단히 죄송합니다. 즉시 객실 담당 여종업원을 보내겠습니다.

방을 깨끗이 청소해 주세요.

部屋をきれいに掃除してください。

헤야오 기레이니 소-지시떼 구다사이

옆방이 시끄러운데요.

となりの部屋がうるさいのですが。

도나리노 헤야가 우루사이노데스가

다른 방으로 바꿔 주시겠어요?

他の部屋に替えていただけますか。

호까노 헤야니 가에떼 이따다께마스까

잠깐 와 주세요.

ちょっと来てください。

촛또 기떼 구다사이

칫솔과 치약을 주세요.

歯ブラシと歯磨き粉をください。

하부라시또 하미가키꼬오 구다사이

방으로 가져오세요.

部屋に持ってきてください。

헤야니 못떼기떼 구다사이

다음 문장을 일본어로 말할 수 있는지 쓰면서 체크해 보세요.

방을 깨끗이 청소해 주세요.

- 部屋をきれいに ☐ ください。

옆방이 시끄러운데요.

- となりの部屋が ☐ のですが。

다른 방으로 바꿔 주시겠어요?

- 他の部屋に ☐ 。

잠깐 와 주세요.

- ちょっと ☐ 。

칫솔과 치약을 주세요.

- ☐ と歯磨き粉をください。

방으로 가져오세요.

- 部屋に ☐ ください。

 Mini Talk

A: 部屋から韓国に電話をかけられますか。

헤야까라 캉코꾸니 뎅와오 가께라레마스까

방에서 한국으로 전화를 걸 수 있나요?

B: はい。お手伝いいたします。

하이. 오테쓰다이 이따시마스

네, 도와드리겠습니다.

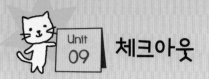

체크아웃을 부탁합니다.

チェックアウトをお願いします。

쳭쿠아우토오 오네가이시마스

맡긴 귀중품을 주세요.

預けた貴重品をお願いします。

아즈케따 기쬬-힝오 오네가이시마스

여러모로 신세를 졌습니다.

いろいろお世話になりました。

이로이로 오세와니 나리마시다

택시를 불러 주세요.

タクシーを呼んでください。

타꾸시-오 욘데 구다사이

방에 물건을 두고 나왔습니다.

部屋に忘れ物をしました。

헤야니 와스레모노오 시마시다

고맙습니다. 여기 계산서입니다.

ありがとうございます。はい、勘定書きです。

아리가또-고자이마스. 하이, 간쬬-가끼데스

체크아웃을 부탁합니다.

● [   ] をお願(ねが)いします。

맡긴 귀중품을 주세요.

● [   ] をお願(ねが)いします。

여러모로 신세를 졌습니다.

● いろいろ [   ] 。

택시를 불러 주세요.

● [   ] を呼(よ)んでください。

방에 물건을 두고 나왔습니다.

● 部屋(へや)に [   ] をしました。

고맙습니다. 여기 계산서입니다.

● ありがとうございます。はい、[   ] です。

Mini Talk

A: ご滞在(たいざい)はいかがでしたか。

고타이자이와 이까가데시다까

숙박은 어떠셨습니까?

B: とても楽(たの)しかったです。
ありがとう。

도떼모 다노시깟따데스. 아리가또-

매우 즐거웠습니다. 고마워요.

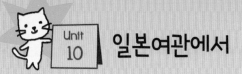

그건 식사가 나옵니까?

それは食事付きですか。

소레와 쇼꾸지 쓰끼데스까

아무튼 방을 보여 주세요.

とにかく部屋を見せてください。

도니카꾸 헤야오 미세떼 구다사이

피곤해서 당장 샤워를 하고 싶은데요.

疲れたので早速シャワーを浴びたいんですが。

쓰까레따노데 삿소꾸 샤와-오 아비따인데스가

먼저 여관비를 지불할게요.

まず旅館代を払います。

마즈 료깐다이오 하라이마스

노천탕도 있습니까?

露天風呂もありますか。

로뗌부로모 아리마스까

식사는 마음에 드셨습니까?

お食事はお気に召しましたか。

오쇼꾸지와 오키니 메시마시다까

그건 식사가 나옵니까?

- それは ⬜⬜⬜⬜ ですか。

아무튼 방을 보여 주세요.

- とにかく ⬜⬜⬜⬜⬜ ください。

피곤해서 당장 샤워를 하고 싶은데요.

- 疲(つか)れたので早速(さっそく) ⬜⬜⬜⬜⬜⬜⬜⬜ んですが。

먼저 여관비를 지불할게요.

- まず ⬜⬜⬜ を払(はら)います。

노천탕도 있습니까?

- ⬜⬜⬜⬜ もありますか。

식사는 마음에 드셨습니까?

- お食事(しょくじ)は ⬜⬜⬜⬜⬜⬜⬜ 。

A: 空(あ)いた部屋(へや)がありますか。
아이따 헤야가 아리마스까
빈방이 있습니까?

B: はい、ございます。
　 おひとりさまですか。
하이, 고자이마스. 오히또리사마데스까
네, 있습니다. 혼자이십녀까?

PART

03

こんなふうに言ってみろ！

많이 걷고
말도 많이 하고
일어서 소리내어
말한다!

식사

괜찮은 식당 좀 소개해 주시겠어요?

いいレストランを紹介していただけますか。

이- 레스토랑오 쇼-까이시떼 이따다께마스까

별로 안 비싼 식당이 좋겠어요.

あまり高くないレストランがいいです。

아마리 다카꾸나이 레스토랑가 이-데스

이 주변에 한식점은 있나요?

この辺りに韓国料理の店はありますか。

고노 아따리니 캉코꾸료-리노 미세와 아리마스까

식당이 많은 곳은 어느 주변인가요?

レストランの多いのはどの辺りですか。

레스토란노 오-이노와 도노 아따리데스까

이 시간에 문을 연 식당은 있나요?

この時間開いているレストランはありますか。

고노 지깡 아이떼 이루 레스토랑와 아리마스까

우동집은 어디에 있는지 아세요?

うどん屋はどこにあるかご存じですか。

우동야와 도꼬니 아루까 고존지데스까

다음 문장을 일본어로 말할 수 있는지 쓰면서 체크해 보세요.

괜찮은 식당 좀 소개해 주시겠어요?

● いい 　　　　　　　　　　 いただけますか。

별로 안 비싼 식당이 좋겠어요.

● あまり 　　　　　　　　　 がいいです。

이 주변에 한식점은 있나요?

● この辺（あた）りに 　　　　 の店（みせ）はありますか。

식당이 많은 곳은 어느 주변인가요?

● 　　　　　　　　　 のはどの辺（あた）りですか。

이 시간에 문을 연 식당은 있나요?

● この時間（じかん） 　　　　　　　　 はありますか。

우동집은 어디에 있는지 아세요?

● 　　　　 はどこにあるかご存（ぞん）じですか。

 Mini Talk

A: どんなお料理（りょうり）が好（す）きですか。

돈나 오료-리가 스끼데스까

어떤 요리를 좋아하십니까?

B: 日本料理（にほんりょうり）が食（た）べたいんです。

니혼료-리가 다베따인데스

일본요리를 먹고 싶은데요.

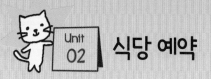

Unit 02 식당 예약

>> 녹음을 듣고 소리내어 읽어볼까요? <<< 듣기 >>>

예약이 필요한가요?

予約が必要ですか。

요야꾸가 히쯔요-데스까

예약하지 않아도 식사할 수 있나요?

予約しなくても食事できますか。

요야꾸시나꾸떼모 쇼꾸지 데끼마스까

몇 분이십니까?

何人さまですか。

난닌사마데스까

오늘 예약을 내일로 변경할 수 있나요?

今日の予約をあしたに変更できますか。

쿄-노 요야꾸오 아시따니 헹꼬-데끼마스까

예약을 확인할 수 있나요?

予約の確認ができますか。

요야꾸노 카꾸닝가 데끼마스까

예약을 취소하고 싶은데요.

予約をキャンセルしたいんですが。

요야꾸오 캰세루시따인데스가

다음 문장을 일본어로 말할 수 있는지 쓰면서 체크해 보세요.

예약이 필요한가요?

● [　　　] が必要ですか。
<small>ひつよう</small>

예약하지 않아도 식사할 수 있나요?

● [　　　　　　　] 食事できますか。
<small>しょくじ</small>

몇 분이십니까?

● [　　　　] ですか。

오늘 예약을 내일로 변경할 수 있나요?

● 今日の予約をあしたに [　　　　　　] 。
<small>きょう　　よやく</small>

예약을 확인할 수 있나요?

● 予約の [　　　] ができますか。
<small>よやく</small>

예약을 취소하고 싶은데요.

● 予約を [　　　　　] したいんですが。
<small>よやく</small>

💬💬 **Mini Talk**

A: 今晩7時に5人分予約したいんですが。
<small>こんばん　じ　　にんぶん　よやく</small>

곰방 시찌지니 고닝붕 요야꾸시따인데스가

오늘밤 7시에 5인분을 예약하고 싶은데요.

B: あいにく今晩は満席です。
<small>こんばん　　まんせき</small>

아이니꾸 곰방와 만세끼데스

유감스럽지만, 오늘밤은 자리가 다 찼습니다.

Unit 03 자리에 앉을 때까지

>> 녹음을 듣고 소리내어 읽어볼까요? <<< 듣기 >>>

어서 오십시오. 몇 분이십니까?

いらっしゃいませ。何人さまですか。

이랏샤이마세. 난닌사마데스까

3명이 앉을 자리는 있나요?

3人の席はありますか。

산닌노 세끼와 아리마스까

창가 자리로 주세요.

窓際の席をお願いします。

마도기와노 세끼오 오네가이시마스

구석 자리가 좋겠는데요.

隅の席がいいんですが。

스미노 세끼가 이인데스가

안내해 드릴 때까지 기다려 주십시오.

ご案内するまでお待ちください。

고안나이스루마데 오마찌 쿠다사이

얼마나 기다려야 하죠?

どのくらい待たなければいけませんか。

도노 쿠라이 마따나께레바 이께마셍까

어서 오십시오. 몇 분이십니까?

● [　　　　　　　]。何人（なんにん）さまですか。

3명이 앉을 자리는 있나요?

● [　　　　]はありますか。

창가 자리로 주세요.

● [　　　　]をお願（ねが）いします。

구석 자리가 좋겠는데요.

● [　　　　]がいいんですが。

안내해 드릴 때까지 기다려 주십시오.

● [　　　　　]お待（ま）ちください。

얼마나 기다려야 하죠?

● どのくらい [　　　　　] いけませんか。

Mini Talk

A: こんばんは。二人（ふたり）ですが、席（せき）はありますか。

곰방와. 후따리데스가, 세끼와 아리마스까

안녕하세요. 두 사람인데요, 좌석은 있나요?

B: あいにく満席（まんせき）なのでお待（ま）ち願（ねが）う
ことになりますが。

아이니꾸 만세끼나노데 오마찌네가우 고또니 나리마스가

죄송하지만 자리가 다 차서 기다리셔야 되겠는데요.

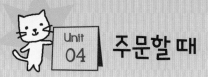

주문할 때

>> 녹음을 듣고 소리내어 읽어볼까요? <<< 듣기 >>>

메뉴를 보여 주세요.

メニューを見せてください。

메뉴-오 미세떼 구다사이

한국어 메뉴는 있나요?

韓国語のメニューはありますか。

캉코꾸고노 메뉴-와 아리마스까

주문받으세요.

注文をしたいのですが。

츄-몽오 시따이노데스가

이것과 이것을 주세요.

これとこれをお願いします。

고레또 고레오 오네가이시마스

나도 같은 걸로 주세요.

わたしにも同じ物をお願いします。

와따시니모 오나지모노오 오네가이시마스

저것과 같은 요리를 주세요.

あれと同じ料理をください。

아레또 오나지 료-리오 구다사이

다음 문장을 일본어로 말할 수 있는지 쓰면서 체크해 보세요.

메뉴를 보여 주세요.

- ⬚⬚⬚ を見せてください。

한국어 메뉴는 있나요?

- ⬚⬚⬚ はありますか。

주문받으세요.

- ⬚⬚⬚ のですが。

이것과 이것을 주세요.

- ⬚⬚⬚ お願いします。

나도 같은 걸로 주세요.

- わたしにも ⬚⬚⬚ をお願いします。

저것과 같은 요리를 주세요.

- あれと ⬚⬚⬚ をください。

 Mini Talk

A: 何がおすすめですか。

나니가 오스스메데스까

무얼 추천하시겠어요?

B: どんなものが食べたいのですか。

돈나 모노가 다베따이노데스까

어떤 걸 드시고 싶으십니까?

>> 녹음을 듣고 소리내어 읽어볼까요? <<< 듣기 >>>

요리가 아직 안 나왔는데요.
料理がまだ来ません。
료-리가 마다 기마셍

주문한 것과 다른데요.
注文したものと違います。
츄-몬시따 모노또 치가이마스

이건 주문하지 않았는데요.
これは注文していませんが。
고레와 츄-몬시떼 이마셍가

제가 주문한 건 어떻게 됐나요?
わたしの注文したのはどうなっていますか。
와따시노 츄-몬시따노와 도-낫떼 이마스까

빨리 해 주세요.
早くしてください。
하야꾸 시떼 구다사이

주문한 요리는 언제 되나요?
注文した料理はいつできますか。
츄-몬시따 료-리와 이쯔 데끼마스까

다음 문장을 일본어로 말할 수 있는지 쓰면서 체크해 보세요.

요리가 아직 안 나왔는데요.

• 料理が 　　　　　　　。
　りょうり

주문한 것과 다른데요.

• 注文したものと 　　　　　。
　ちゅうもん

이건 주문하지 않았는데요.

• これは 　　　　　　　　　が。

제가 주문한 건 어떻게 됐나요?

• わたしの注文したのは 　　　　　　。
　　　　　ちゅうもん

빨리 해 주세요.

• 　　　　　　ください。

주문한 요리는 언제 되나요?

• 　　　　　　はいつできますか。

 Mini Talk

A: 注文したものがまだ来ないのですが。
　　ちゅうもん　　　　　　　　こ
　츄-몬시따 모노가 마다 고나이노데스가
　주문한 게 아직 안 났았는데요.

B: いつご注文なさいましたか。
　　　　　ちゅうもん
　이쯔 고츄-몬 나사이마시다까
　언제 주문하셨습니까?

식당에서의 트러블

>> 녹음을 듣고 소리내어 읽어볼까요? <<< 듣기 >>>

좀 더 조용한 자리로 바꿔 주시겠어요?

もっと静かな席に替えてもらえませんか。

못또 시즈까나 세끼니 가에떼 모라에마셍까

이 요리에 머리카락이 들어 있어요.

この料理に髪の毛が入ってますよ。

고노 료-리니 가미노께가 하잇떼 마스요

약간 덜 익은 것 같은데요.

ちょっと火が通ってないようですが。

촛또 히가 도옷떼 나이 요-데스가

이 스테이크는 너무 구웠네요.

このステーキは焼きすぎです。

고노 스테-키와 야끼스기데스

글라스가 더럽네요. 바꿔주세요.

グラスが汚れています。取り替えてください。

그라스가 요고레떼 이마스. 도리까에떼 구다사이

너무 많아서 다 먹을 수 없습니다.

ちょっと多すぎて食べられません。

촛또 오-스기떼 다베라레마셍

다음 문장을 일본어로 말할 수 있는지 쓰면서 체크해 보세요.

좀 더 조용한 자리로 바꿔 주시겠어요?

- もっと ［　　　　　　］ に替<small>か</small>えてもらえませんか。

이 요리에 머리카락이 들어 있어요.

- この料理<small>りょうり</small>に ［　　　　］ が入<small>はい</small>ってますよ。

약간 덜 익은 것 같은데요.

- ちょっと ［　　　　　　　　　　］ ようですが。

이 스테이크는 너무 구웠네요.

- このステーキは ［　　　　　　］ です。

글라스가 더럽네요. 바꿔주세요.

- グラスが ［　　　　　　　　］。取<small>と</small>り替<small>か</small>えてください。

너무 많아서 다 먹을 수 없습니다.

- ちょっと ［　　　　　］ 食<small>た</small>べられません。

Mini Talk

A: ちょっと火<small>ひ</small>が通<small>とお</small>っていないようですが。

촛또 히가 도옷떼 이나이요-데스가

좀 덜 익은 것 같은데요.

B: 作<small>つく</small>り直<small>なお</small>してまいります。

쓰꾸리나오시떼 마이리마스

다시 만들어 오겠습니다.

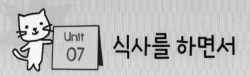

간장을 갖다 주세요.

醤油を取ってください。

쇼-유오 돗떼 구다사이

밥 하나 더 주세요.

ご飯のおかわりをください。

고한노 오까와리오 구다사이

좀더 구워 주세요.

もう少し焼いてください。

모- 스꼬시 야이떼 구다사이

테이블을 치워 주세요.

テーブルを片付けてください。

테-부루오 가따즈케떼 구다사이

이 요리는 먹지 않았습니다.

この料理は食べていません。

고노 료-리와 다베떼 이마셍

가져가도 됩니까?

持ち帰ってもいいですか。

모찌카엣떼모 이-데스까

다음 문장을 일본어로 말할 수 있는지 쓰면서 체크해 보세요.

간장을 갖다 주세요.

- ☐ を取ってください。

밥 하나 더 주세요.

- ご飯の ☐ をください。

좀더 구워 주세요.

- もう少し ☐ ください。

테이블을 치워 주세요.

- テーブルを ☐ ください。

이 요리는 먹지 않았습니다.

- この料理は ☐ 。

가져가도 됩니까?

- ☐ いいですか。

 Mini Talk

A: はしを落してしまいましたが。

하시오 오또시떼 시마이마시따가

젓가락을 떨어뜨렸는데요.

B: 新しいものを持ってまいります。

아따라시- 모노오 못떼 마이리마스

새 것을 가져 오겠습니다.

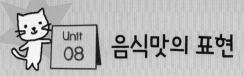

이거 정말 맛있군요.

これ、とてもおいしいですね。

고레, 도떼모 오이시-데스네

맛이 없군요.

まずいですね。

마즈이데스네

이 된장국은 짜군요.

この味噌汁はしょっぱいですね。

고노 미소시루와 숍빠이데스네

너무 달군요.

甘すぎますね。

아마스기마스네

이건 좀 맵군요.

これはちょっと辛いですね。

고레와 촛또 카라이데스네

이건 별로 입에 맞지 않군요.

これはあまり口に合わないですね。

고레와 아마리 구찌니 아와나이데스네

다음 문장을 일본어로 말할 수 있는지 쓰면서 체크해 보세요.

이거 정말 맛있군요.

- これ、とても [　　　　　　] ね。

맛이 없군요.

- [　　　　　] ね。

이 된장국은 짜군요.

- この味噌汁(みそしる)は [　　　　　　] ね。

너무 달군요.

- [　　　　　] ね。

이건 좀 맵군요.

- これはちょっと [　　　　] ね。

이건 별로 입에 맞지 않군요.

- これはあまり [　　　　　] ですね。

 Mini Talk

A: 味(あじ)はどうですか。

아지와 도-데스까

맛은 어때요?

B: ちょっと薄味(うすあじ)ですね。

촛또 우스아지데스네

좀 싱겁군요.

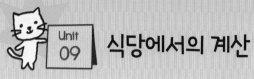

계산해주세요.

お勘定をお願いします。

오칸죠-오 오네가이시마스

여기서 계산하나요?

ここで払えますか。

고꼬데 하라에마스까

계산을 따로따로 하고 싶은데요.

勘定を別々に払いたいんですが。

간죠-오 베쯔베쯔니 하라이따인데스가

제가 전부 내겠습니다.

わたしがまとめて払います。

와따시가 마또메떼 하라이마스

여기는 선불인가요?

ここは前払いですか。

고꼬와 마에바라이데스까

이 요금은 뭡니까?

この料金は何ですか。

고노 료-낑와 난데스까

다음 문장을 일본어로 말할 수 있는지 쓰면서 체크해 보세요.

계산해주세요.

* をお願(ねが)いします。

여기서 계산하나요?

* ここで 。

계산을 따로따로 하고 싶은데요.

* 勘定(かんじょう)を んですが。

제가 전부 내겠습니다.

* わたしが 払(はら)います。

여기는 선불인가요?

* ここは ですか。

이 요금은 뭡니까?

* この は何(なん)ですか。

 Mini Talk

A: こちらがお勘定(かんじょう)となっております。

고찌라가 오칸죠-또 낫떼 오리마스

계산서는 여기 있습니다.

B: テーブルで支払(しはら)いできますか。

테-부루데 시하라이 데끼마스까

테이블에서 지불해도 되나요?

Unit 10 음료와 술을 마실 때

>> 녹음을 듣고 소리내어 읽어볼까요? <<< 듣기 >>>

커피를 마실까요?

コーヒーを飲みましょうか。

코-히-오 노미마쇼-까

어디서 한 잔 할까요?

どこかで一杯やりましょうか。

도꼬까데 입빠이 야리마쇼-까

건배!

乾杯!

감빠이

술이 상당히 세 보이네요.

お酒がなかなか強そうですね。

오사께가 나까나까 쓰요소-데스네

저는 별로 못 마셔요.

わたしはあまり飲めないんですよ。

와따시와 아마리 노메나인데스요

잠깐 술을 깰게요.

ちょっと酔いをさますよ。

촛또 요이오 사마스요

다음 문장을 일본어로 말할 수 있는지 쓰면서 체크해 보세요.

커피를 마실까요?

● ［　　　　］を飲^のみましょうか。

어디서 한 잔 할까요?

● どこかで ［　　］ やりましょうか。

건배!

● ［　　］！

술이 상당히 세 보이네요.

● お酒^{さけ}がなかなか ［　　　　　］ね。

저는 별로 못 마셔요.

● わたしはあまり ［　　　　］んですよ。

잠깐 술을 깰게요.

● ちょっと ［　　　　　］よ。

 Mini Talk

A: もう少^{すこ}しビールをいかがですか。

모- 스꼬시 비-루오 이까가데스까

맥주 좀 더 마실래요?

B: ありがとう。

아리가또-

고마워요.

PART

04

こんなふうに言ってみろ!

양으로 익고
표로 적고
양으로 소리내어
말한다!

교통

길을 잃었는데요.

道に迷ったんですが。

미찌니 마욧딴데스가

여기는 어디죠?

ここはどこですか。

고꼬와 도꼬데스까

저는 이 지도 어디에 있죠?

わたしは、この地図のどこにいるのですか。

와따시와, 고노 치즈노 도꼬니 이루노데스까

역은 어떻게 가면 좋을까요?

駅へはどう行ったらいいですか。

에끼에와 도- 잇따라 이-데스까

미안합니다. 잘 모르겠어요.

すみません。よくわかりません。

스미마셍. 요꾸 와까리마셍

저도 여기는 처음이에요.

わたしもここははじめてです。

와따시모 고꼬와 하지메떼데스

길을 잃었는데요.

● ⬜⬜⬜ んですが。

여기는 어디죠?

● ここは ⬜⬜⬜ 。

저는 이 지도 어디에 있죠?

● わたしは、この ⬜⬜⬜ にいるのですか。

역은 어떻게 가면 좋을까요?

● 駅へは ⬜⬜⬜ いいですか。

미안합니다. 잘 모르겠어요.

● すみません。よく ⬜⬜⬜ 。

저도 여기는 처음이에요.

● わたしもここは ⬜⬜⬜ 。

 Mini Talk

A: わたしは、この地図のどこにいるのですか。

와따시와, 고노 치즈노 도꼬니 이루노데스까

저는 이 지도의 어디에 있죠?

B: いま、ここにいるのです。

이마, 고꼬니 이루노데스

지금 여기에 있습니다.

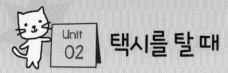

택시를 불러 주세요.

タクシーを呼んでください。

타꾸시-오 욘데 구다사이

택시승강장은 어디에 있어요?

タクシー乗り場はどこですか。

타꾸시-노리바와 도꼬데스까

트렁크를 열어 주세요.

トランクを開けてください。

토랑쿠오 아케떼 구다사이

이리 가 주세요.

ここへ行ってください。

고꼬에 잇떼 구다사이

공항까지 가 주세요.

空港までお願いします。

쿠-꼬-마데 오네가이 시마스

여기서 세워 주세요.

ここで止めてください。

고꼬데 도메떼 구다사이

택시를 불러 주세요.

● ⬜⬜⬜ を呼んでください。

택시승강장은 어디에 있어요?

● ⬜⬜⬜ はどこですか。

트렁크를 열어 주세요.

● ⬜⬜⬜ を開けてください。

이리 가 주세요.

● ここへ ⬜⬜⬜ 。

공항까지 가 주세요.

● 空港まで ⬜⬜⬜ 。

여기서 세워 주세요.

● ここで ⬜⬜⬜ 。

Mini Talk

A: タクシーを呼んでもらえますか。

타쿠시-오 욘데 모라에마스까

택시를 불러 주시겠어요?

B: 少し時間がかかりますよ。

스꼬시 지깡가 가까리마스요

시간이 좀 걸려요.

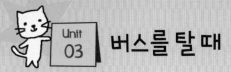

Unit 03 버스를 탈 때

>> 녹음을 듣고 소리내어 읽어볼까요? <<< 듣기 >>>

버스정류장은 어디서 있어요?

バス停はどこにありますか。

바스떼-와 도꼬니 아리마스까

여기 버스정류장에서 내리면 돼요?

ここのバス停で降りればいいですか。

고꼬노 바스떼-데 오리레바 이-데스까

이 버스는 공원까지 가나요?

このバスは公園まで行きますか。

고노 바스와 코-엔마데 이끼마스까

저기요. 이 자리는 비어 있어요?

すみません、この席は空いていますか。

스미마셍, 고노 세끼와 아이떼 이마스까

여기요, 내릴게요.

すみません、降ります。

스미마셍, 오리마스

버스터미널은 어디에 있어요?

バスターミナルはどこにありますか。

바스 타-미나루와 도꼬니 아리마스까

다음 문장을 일본어로 말할 수 있는지 쓰면서 체크해 보세요.

버스정류장은 어디서 있어요?

- ⬜ はどこにありますか。

여기 버스정류장에서 내리면 돼요?

- ここの ⬜ いいですか。

이 버스는 공원까지 가나요?

- このバスは ⬜ 行(い)きますか。

저기요. 이 자리는 비어 있어요?

- すみません、この席(せき)は ⬜ か。

여기요, 내릴게요.

- すみません、 ⬜ 。

버스터미널은 어디에 있어요?

- ⬜ はどこにありますか。

 Mini Talk

A: バスの運賃(うんちん)はいくらですか。

바스노 운찡와 이꾸라데스까

버스 요금은 얼마죠?

B: 300円(えん)です。

삼뱌꾸엔데스

300엔입니다.

>> 녹음을 듣고 소리내어 읽어볼까요? <<< 듣기 >>>

가장 가까운 역은 어디인가요?

もよりの駅はどこですか。

모요리노 에끼와 도꼬데스까

지하철의 노선도는 없나요?

地下鉄の路線図はありませんか。

치카테쯔노 로센즈와 아리마셍까

이 전철을 타면 되나요?

この電車に乗ればいいですか。

고노 덴샤니 노레바 이-노데스까

이 역은 급행전철이 서나요?

この駅は急行電車は止まりますか。

고노 에끼와 큐-꼬-덴샤와 도마리마스까

마지막 전철은 몇 시인가요?

終電は何時ですか。

슈-뎅와 난지데스까

어디서 갈아타나요?

どの駅で乗り換えるのですか。

도노 에끼데 노리까에루노데스까

다음 문장을 일본어로 말할 수 있는지 쓰면서 체크해 보세요.

가장 가까운 역은 어디인가요?

● _____ はどこですか。

지하철의 노선도는 없나요?

● 地下鉄の（ちかてつ）_____ はありませんか。

이 전철을 타면 되나요?

● この _____ に乗れ（の）ばいいですか。

이 역은 급행전철이 서나요?

● この駅（えき）は _____ は止（と）まりますか。

마지막 전철은 몇 시인가요?

● _____ は何時（なんじ）ですか。

어디서 갈아타나요?

● どの駅（えき）で _____ のですか。

 Mini Talk

A: この電車（でんしゃ）に乗れ（の）ばいいのですか。

고노 덴샤니 노레바 이-노데스까

이 전철을 타면 되죠?

B: いいえ、JRに乗（の）ってください。

이-에, 제이아루니 놋떼 구다사이

아뇨, JR을 타세요.

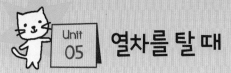

매표소는 어디에 있어요?

切符売り場はどこですか。

깁뿌우리바와 도꼬데스까

도쿄까지 편도를 주세요.

東京までの片道切符をください。

토-꾜-마데노 카따미찌 깁뿌오 구다사이

더 이른 열차는 없어요?

もっと早い列車はありませんか。

못또 하야이 렛샤와 아리마셍까

이건 교토행인가요?

これは京都行きですか。

고레와 쿄-또유끼데스까

중간에 내릴 수 있어요?

途中で下車はできますか。

도쮸-데 게샤와 데끼마스까

열차를 놓치고 말았어요.

列車に乗り遅れてしまいました。

렛샤니 노리오꾸레떼 시마이마시다

다음 문장을 일본어로 말할 수 있는지 쓰면서 체크해 보세요.

매표소는 어디에 있어요?

• ☐ はどこですか。

도쿄까지 편도를 주세요.

• 東京までの ☐ をください。
  とうきょう

더 이른 열차는 없어요?

• もっと ☐ はありませんか。

이건 교토행인가요?

• これは京都 ☐ ですか。
  きょうと

중간에 내릴 수 있어요?

• 途中で ☐ はできますか。
  とちゅう

열차를 놓치고 말았어요.

• 列車に ☐ しまいました。
  れっしゃ

A: すみません、切符売り場はどこですか。
   きっ ぷ う   ば

스미마셍, 깁뿌우리바와 도꼬데스까

미안합니다, 매표소는 어디에 있어요?

B: この通路にそって行くと右に
   つう ろ   い   みぎ
   あります。

고노 쓰-로니 솟떼 이꾸또 미기니 아리마스

이 통로를 따라가면 오른쪽에 있어요.

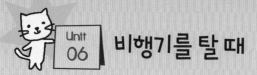
비행기 예약을 부탁할게요.

フライトの予約をお願いします。

후라이토노 요야꾸오 오네가이시마스

지금 체크인할 수 있어요?

今チェックインできますか。

이마 첵쿠인 데끼마스까

이 짐은 기내로 가져 갈 거예요.

この荷物は機内持ちこみです。

고노 니모쯔와 기나이 모찌꼬미데스

이 짐을 맡길게요.

この荷物をあずけます。

고노 니모쯔오 아즈께마스

탑승은 시작되었어요?

搭乗は始まっていますか。

토-죠-와 하지맛떼 이마스까

몇 번 출구로 가면 되죠?

何番ゲートに行けばいいのですか。

남반 게-토니 이께바 이-노데스까

다음 문장을 일본어로 말할 수 있는지 쓰면서 체크해 보세요.

비행기 예약을 부탁할게요.

● ⬜⬜⬜⬜⬜ をお願いします。

지금 체크인할 수 있어요?

● 今 ⬜⬜⬜⬜⬜ できますか。

이 짐은 기내로 가져 갈 거예요.

● この荷物は ⬜⬜⬜⬜⬜ です。

이 짐을 맡길게요.

● この荷物を ⬜⬜⬜⬜ 。

탑승은 시작되었어요?

● ⬜⬜ は始まっていますか。

몇 번 출구로 가면 되죠?

● ⬜⬜⬜⬜ に行けばいいのですか。

 Mini Talk

A: 出発時刻を確認したいのですが。

숩빠쯔 지코꾸오 카꾸닌시따이노데스가

출발 시각을 확인하고 싶은데요.

B: お名前と便名をどうぞ。

오나마에또 빔메-오 도-조

성함과 편명을 말씀하십시오.

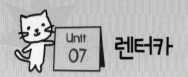

>> 녹음을 듣고 소리내어 읽어볼까요? <<< 듣기 >>>

렌터카를 빌리고 싶은데요.

レンタカーを借りたいんですが。

렌타카-오 가리따인데스가

렌터카 목록을 보여 주세요.

レンタカーリストを見せてください。

렌타카- 리스토오 미세떼 구다사이

차종은 뭐가 좋을까요?

車種は何がいいですか。

샤슈와 나니가 이-데스까

요금은 어떻게 됩니까?

料金はどうなっていますか。

료-낑와 도- 낫떼 이마스까

도로지도를 주시겠어요?

道路地図をいただけますか。

도-로치즈오 이따다께마스까

운전면허증을 보여주시겠어요?

運転免許証を見せてくださいませんか。

운뗌멩꾜쇼-오 미세떼 구다사이마셍까

다음 문장을 일본어로 말할 수 있는지 쓰면서 체크해 보세요.

렌터카를 빌리고 싶은데요.

- ⬜ を借りたいんですが。

렌터카 목록을 보여 주세요.

- ⬜ を見せてください。

차종은 뭐가 좋을까요?

- ⬜ は何がいいですか。

요금은 어떻게 됩니까?

- ⬜ はどうなっていますか。

도로지도를 주시겠어요?

- ⬜ をいただけますか。

운전면허증을 보여주시겠어요?

- ⬜ を見せてくださいませんか。

 Mini Talk

A: 車種は何がいいですか。

샤슈와 나니가 이-데스까

차종은 뭐가 좋을까요?

B: 安くて運転しやすい車が
いいですね。

야스꾸떼 운뗀시야스이 구루마가 이-데스네

싸고 운전하기 쉬운 차가 좋겠군요.

여기에 주차해도 될까요?

ここに駐車してもいいですか。
ちゅうしゃ

고꼬니 츄-샤시떼모 이-데스까

이 근처에 주유소가 있어요?

この近くにガソリンスタンドはありますか。
ちか

고노 치카꾸니 가소린스탄도와 아리마스까

가득 넣어 주세요.

満タンにしてください。
まん

만딴니 시떼 구다사이

타이어가 펑크 났어요.

タイヤがパンクしました。

타이야가 팡쿠시마시다

다음 휴게소에서 밥을 먹읍시다.

次のサービスエリアでご飯を食べましょう。
つぎ   はん た

쓰기노 사-비스에리아데 고항오 다베마쇼-

차를 반환할게요.

車を返します。
くるま かえ

구루마오 가에시마스

여기에 주차해도 될까요?

- ここに ⬚⬚⬚⬚⬚ いいですか。

이 근처에 주유소가 있어요?

- この近くに ⬚⬚⬚⬚⬚ はありますか。
  (ちか)

가득 넣어 주세요.

- ⬚⬚⬚ にしてください。

타이어가 펑크 났어요.

- タイヤが ⬚⬚⬚ しました。

다음 휴게소에서 밥을 먹읍시다.

- 次の ⬚⬚⬚⬚⬚ でご飯を食べましょう。
  (つぎ)　　　　　　　　　　　(はん)(た)

차를 반환할게요.

- 車を ⬚⬚⬚ 。
  (くるま)

 Mini Talk

A: さあ、駅まで乗せてあげますよ。
　　　(えき)　(の)

　　사-, 에끼마데 노세떼 아게마스

　　자, 역까지 태워드릴게요.

B: ええ、乗せていただけると助か
　　　　　(の)　　　　　　　(たす)
　　ります。

　　에-, 노세떼 이따다께루또 다스까리마스

　　네, 태워주시면 도움이 되겠습니다.

교통사고예요!

交通事故ですよ！

고-쓰-지꼬데스요

구급차를 불러 주세요.

救急車を呼んでください。

큐-뀨-샤오 욘데 구다사이

도와줘요! 사고예요!

助けて！事故ですよ！

다스케떼! 지꼬데스요

경찰을 불러 주세요.

警察を呼んでください。

케-사쯔오 욘데 구다사이

저에게는 과실이 없어요.

わたしのほうには過失はありません。

와따시노 호-니와 카시쯔와 아리마셍

이 사고는 제 탓입니다.

この事故はわたしのせいです。

고노 지꼬와 와따시노 세-데스

다음 문장을 일본어로 말할 수 있는지 쓰면서 체크해 보세요.

교통사고예요!

- [   ] ですよ!

구급차를 불러 주세요.

- [   ] を呼んでください。

도와줘요! 사고예요!

- [   ] ! 事故ですよ!

경찰을 불러 주세요.

- [   ] を呼んでください。

저에게는 과실이 없어요.

- わたしのほうには [   ]。

이 사고는 제 탓입니다.

- この [   ] はわたしのせいです。

 Mini Talk

A: **助けて！ 事故ですよ！**

다스케떼! 지꼬데스요

도와줘요! 사고예요!

B: **大丈夫ですか。お怪我は
ありませんか。**

다이죠-부데스까. 오케가와 아리마셍까

괜찮아요? 다친 데는 없나요?

위험해요!

あぶ
危ないです!

아부나이데스

다가오지 말아요!

ちか
近づかないでください!

치까즈까나이데 구다사이

위급해요!

きんきゅう
緊急です!

깅뀨-데스

도와주세요!

たす
助けてください!

다스께떼 구다사이

누구 좀 와 주세요!

き
だれか来てください!

다레까 기떼 구다사이

그만두세요!

やめてください!

야메떼 구다사이

다음 문장을 일본어로 말할 수 있는지 쓰면서 체크해 보세요.

위험해요!

● ⬜⬜ です!

다가오지 말아요!

● ⬜⬜⬜ ください!

위급해요!

● ⬜ です!

도와주세요!

● ⬜ ください!

누구 좀 와 주세요!

● だれか ⬜ ください!

그만두세요!

● ⬜ ください!

 Mini Talk

A: 緊急です!

깅뀨-데스

위급해요!

B: 何が起こったんですか。

나니가 오꽃딴데스까

무슨 일이 일어났어요?

PART

05

こんなふうに言ってみろ!

읽을 수 있고
쓸 수 있고
소리내어 읽을 수 있고
말할 수 있다!

관광

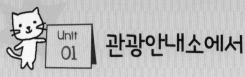

관광안내소는 어디에 있어요?

かんこうあんないじょ
観光案内所はどこですか。

캉꼬-안나이죠와 도꼬데스까

관광 팸플릿을 주세요.

かんこう
観光パンフレットをください。

캉꼬- 팡후렛토오 구다사이

여기서 볼 만한 곳을 알려 주세요.

み　　　　　　　　　　おし
ここの見どころを教えてください。

고꼬노 미도꼬로오 오시에떼 구다사이

지금 인기가 있는 관광지는 어디죠?

いまにんき　　　　　かんこう
今人気のある観光スポットはどこですか。

이마 닝끼노 아루 캉꼬- 스폿토와 도꼬데스까

뭔가 축제는 하고 있나요?

なに　　　　まつ
何かお祭りはやっていますか。

나니까 오마쯔리와 얏떼 이마스까

여기서 입장권을 살 수 있나요?

にゅうじょうけん　か
ここで入場券が買えますか。

고꼬데 뉴-죠-껭가 가에마스까

다음 문장을 일본어로 말할 수 있는지 쓰면서 체크해 보세요.

관광안내소는 어디에 있어요?

● ⬜⬜⬜⬜ はどこですか。

관광 팸플릿을 주세요.

● ⬜⬜⬜⬜⬜ をください。

여기서 볼 만한 곳을 알려 주세요.

● ここの ⬜⬜⬜ を教(おし)えてください。

지금 인기가 있는 관광지는 어디죠?

● 今人気(いまにんき)のある ⬜⬜⬜⬜ はどこですか。

뭔가 축제는 하고 있나요?

● 何(なに)か ⬜⬜⬜ はやっていますか。

여기서 입장권을 살 수 있나요?

● ここで ⬜⬜⬜ が買(か)えますか。

Mini Talk

A: 日帰(ひがえ)りではどこへ行(い)けますか。

히가에리데와 도꼬에 이께마스까

당일치기로는 어디에 갈 수 있죠?

B: そうですね。日帰(ひがえ)りなら
ここがいいですね。

소-데스네. 히가에리나라 고꼬가 이-데스네

글쎄요. 당일치기라면 여기가 좋겠군요.

어떤 종류의 투어가 있나요?

どんな種類のツアーがありますか。

돈나 슈루이노 쓰아-가 아리마스까

투어 팜플렛을 주세요.

ツアーのパンフレットをください。

쓰아-노 팡후렛토오 구다사이

시내 투어는 있나요?

市内のツアーはありますか。

시나이노 쓰아-와 아리마스까

야간관광은 있나요?

ナイトツアーはありますか。

나이토쓰아-와 아리마스까

당일치기할 수 있는 곳이 좋겠는데요.

日帰りできるところがいいんですが。

히가에리 데끼루 도꼬로가 이인데스가

투어는 몇 시간 걸립니까?

ツアーは何時間かかりますか。

쓰아-와 난지깡 가까리마스까

다음 문장을 일본어로 말할 수 있는지 쓰면서 체크해 보세요.

어떤 종류의 투어가 있나요?

- どんな種類の [   ] がありますか。

투어 팜플렛을 주세요.

- ツアーの [   ] をください。

시내 투어는 있나요?

- [   ] はありますか。

야간관광은 있나요?

- [   ] はありますか。

당일치기할 수 있는 곳이 좋겠는데요.

- [   ] ところがいいんですが。

투어는 몇 시간 걸립니까?

- ツアーは [   ] かかりますか。

 Mini Talk

A: 出発は何時ですか。

숩빠쯔와 난지데스까

출발은 몇 시인가요?

B: 午前9時までにお乗りください。

고젱 쿠지마데니 오노리쿠다사이

오전 9시까지 타십시오.

Unit 03 관광지에서

>> 녹음을 듣고 소리내어 읽어볼까요? <<< 듣기 >>>

저것은 무엇이죠?

あれは何<small>なん</small>ですか。

아레와 난데스까

저 건물은 무엇이죠?

あの建物<small>たてもの</small>は何<small>なん</small>ですか。

아노 다떼모노와 난데스까

저건 뭐라고 하죠?

あれは何<small>なん</small>と言<small>い</small>いますか。

아레와 난또 이-마스까

정말로 경치가 멋지군요.

ほんとうに景色<small>けしき</small>がすばらしいですね。

혼또-니 케시끼가 스바라시데스네

여기서 얼마나 머물죠?

ここでどのくらい止<small>と</small>まりますか。

고꼬데 도노쿠라이 도마리마스까

몇 시에 버스로 돌아오면 되죠?

何時<small>なんじ</small>にバスに戻<small>もど</small>ってくればいいですか。

난지니 바스니 모돗떼 구레바 이-데스까

다음 문장을 일본어로 말할 수 있는지 쓰면서 체크해 보세요.

저것은 무엇이죠?

- **あれは** [   ] **。**

저 건물은 무엇이죠?

- **あの** [   ] **は何^{なん}ですか。**

저건 뭐라고 하죠?

- **あれは** [   ] **。**

정말로 경치가 멋지군요.

- **ほんとうに** [   ] **ですね。**

여기서 얼마나 머물죠?

- **ここでどのくらい** [   ] **。**

몇 시에 버스로 돌아오면 되죠?

- **何時^{なんじ}にバスに** [   ] **いいですか。**

 Mini Talk

A: **あの建物^{たてもの}は何^{なん}ですか。**

아노 다떼모노와 난데스까

저 건물은 무엇이죠?

B: **あれはとても有名^{ゆうめい}なお店^{みせ}です。**

아레와 도떼모 유-메-나 오미세데스

저건 매우 유명한 가게입니다.

관람할 때

>> 녹음을 듣고 소리내어 읽어볼까요? <<< 듣기 >>>

입장은 유료인가요, 무료인가요?

入場は有料ですか、無料ですか。

뉴-죠-와 유-료-데스까, 무료-데스까

입장료는 얼마죠?

入場料はいくらですか。

뉴-죠-료-와 이꾸라데스까

단체할인은 없나요?

団体割引はありませんか。

단따이 와리비끼와 아리마셍까

이걸로 모든 전시를 볼 수 있어요?

これですべての展示が見られますか。

고레데 스베떼노 텐지가 미라레마스까

전시 팸플릿은 있어요?

展示のパンフレットはありますか。

텐지노 팡후렛토와 아리마스까

재입관할 수 있어요?

再入館できますか。

사이뉴-깐 데끼마스까

다음 문장을 일본어로 말할 수 있는지 쓰면서 체크해 보세요.

입장은 유료인가요, 무료인가요?

● _____ は有料ですか、無料ですか。

입장료는 얼마죠?

● _____ はいくらですか。

단체할인은 없나요?

● _____ はありませんか。

이걸로 모든 전시를 볼 수 있어요?

● これで _____ が見られますか。

전시 팸플릿은 있어요?

● 展示の _____ はありますか。

재입관할 수 있어요?

● _____ できますか。

 Mini Talk

A: チケットを予約したいのですが。

치켓토오 요야꾸시따이노데스가

티켓을 예약하고 싶은데요.

B: 今は、立ち見席しかありません。

이마와, 다찌미세끼시까 아리마셍

지금은 입석밖에 없습니다.

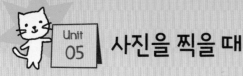

사진 좀 찍어 주시겠어요?

写真を撮ってもらえませんか。

샤싱오 돗떼 모라에마셍까

여기서 사진을 찍어도 될까요?

ここで写真を撮ってもいいですか。

고꼬데 샤싱오 돗떼모 이-데스까

여기에서 우리들을 찍어 주세요.

ここからわたしたちを写してください。

고꼬까라 와따시타찌오 우쯔시떼 구다사이

자, 김치.

はい、チーズ。

하이, 치-즈

여러 분, 찍을게요.

みなさん、写しますよ。

미나상, 우쯔시마스요

한 장 더 부탁할게요.

もう一枚お願いします。

모- 이찌마이 오네가이시마스

사진 좀 찍어 주시겠어요?

● ＿＿＿＿＿＿ もらえませんか。

여기서 사진을 찍어도 될까요?

● ここで ＿＿＿＿＿ いいですか。

여기에서 우리들을 찍어 주세요.

● ここからわたしたちを ＿＿＿＿＿。

자, 김치.

● はい、＿＿＿。

여러 분, 찍을게요.

● みなさん、＿＿＿ よ。

한 장 더 부탁할게요.

● もう一枚(いちまい) ＿＿＿＿。

Mini Talk

A: 写真(しゃしん)を撮(と)ってもいいですか。
샤싱오 돗떼모 이-데스까
사진을 찍어도 될까요?

B: はい。ぜひ撮(と)ってください。
하이. 제히 돗떼 구다사이
예, 자 찍으세요.

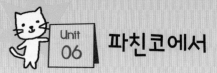

파친코에 가보지 않겠어요?

パチンコ屋へ行ってみませんか。

파찡꼬야에 잇떼 미마셍까

좋은 파친코를 소개해 주세요.

いいパチンコ屋を紹介してください。

이- 파칭꼬야오 쇼-까이시떼 구다사이

여기에 걸게요.

これにかけます。

고레니 가께마스

구슬을 돌릴게요.

玉を回します。

다마오 마와시마스

잠깐 쉴게요.

ちょっと休みます。

촛또 야스미마스

이겼어요.

勝ちました。

가찌마시다

파친코에 가보지 않겠어요?

* ［　　　　］へ行_いってみませんか。

좋은 파친코를 소개해 주세요.

* いいパチンコ屋_やを ［　　　　］ ください。

여기에 걸게요.

* これに ［　　　　］ 。

구슬을 돌릴게요.

* 玉_{たま}を ［　　　　］ 。

잠깐 쉴게요.

* ちょっと ［　　　　］ 。

이겼어요.

* ［　　　　］ 。

A: ここでやってもいいですか。

고꼬데 얏떼모 이-데스까

여기서 해도 됩니까?

B: はい、もちろんいいですよ。

하이, 모찌롱 이-데스요

네, 물론 되죠.

클럽·바·노래방에서

>> 녹음을 듣고 소리내어 읽어볼까요? <<< 듣기 >>>

그 나이트클럽은 손님이 많나요?

そのナイトクラブには客が多いですか。

소노 나이토쿠라부니와 캬꾸가 오-이데스까

카바레에 가서 한 잔 합시다.

キャバレーに行って一杯やりましょう。

캬바레-니 잇떼 입빠이 야리마쇼-

비어홀에 가서 맥주라도 마십시다.

ビヤホールに行ってビールでも飲みましょう。

비야호-루니 잇떼 비-루데모 노미마쇼-

노래방은 있나요?

カラオケボックスはありますか。

카라오케 복쿠스와 아리마스까

저는 한국 노래를 부르겠습니다.

わたしは韓国の歌を歌います。

와따시와 캉꼬꾸노 우따오 우따이마스

노래 선곡집을 보여 주세요.

歌のリストを見せてください。

우따노 리스토오 미세떼 구다사이

다음 문장을 일본어로 말할 수 있는지 쓰면서 체크해 보세요.

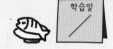

그 나이트클럽은 손님이 많나요?

● その 〔　　　　〕 には客が多いですか。

카바레에 가서 한 잔 합시다.

● 〔　　　　〕 に行って一杯やりましょう。

비어홀에 가서 맥주라도 마십시다.

● 〔　　　　〕 に行ってビールでも飲みましょう。

노래방은 있나요?

● 〔　　　　　〕 はありますか。

저는 한국 노래를 부르겠습니다.

● わたしは韓国の 〔　　　　〕 。

노래 선곡집을 보여 주세요.

● 〔　　　〕 を見せてください。

 Mini Talk

A: リクエストをしたいのですが、いいですか。

리쿠에스토오 시따이노데스가, 이-데스까

곡을 신청하고 싶은데, 괜찮아요?

B: はい、お先にどうぞ。

하이, 오사끼니 도-조

네, 먼저 하십시오.

114 ● 이렇게 말해봐 여행일본어

골프를 치고 싶은데요.

ゴルフをしたいのですが。

고루후오 시따이노데스가

오늘 플레이할 수 있나요?

今日、プレーできますか。

쿄-, 푸레- 데끼마스까

초보자도 괜찮습니까?

初心者でも大丈夫ですか。

쇼신샤데모 다이죠-부데스까

스키를 타고 싶은데요.

スキーをしたいのですが。

스키-오 시따이노데스가

레슨을 받고 싶은데요.

レッスンを受けたいのですが。

렛승오 우케따이노데스가

등산은 좋아하세요?

山登りは好きですか。

야마노보리와 스끼데스까

다음 문장을 일본어로 말할 수 있는지 쓰면서 체크해 보세요.

골프를 치고 싶은데요.

- ⬜ をしたいのですが。

오늘 플레이할 수 있나요?

- 今日_{きょう}、 ⬜ できますか。

초보자도 괜찮습니까?

- ⬜ でも大丈夫_{だいじょうぶ}ですか。

스키를 타고 싶은데요.

- ⬜ をしたいのですが。

레슨을 받고 싶은데요.

- ⬜ を受_うけたいのですが。

등산은 좋아하세요?

- ⬜ は好_すきですか。

 Mini Talk

A: 明日_{あした}ゴルフをしたいのですが。

아시따 고루후오 시따이노데스가
내일 골프를 하고 싶은데요.

B: 何時_{なんじ}にプレーされますか。

난지니 푸레-사레마스까
몇 시에 플레이하시겠습니까?

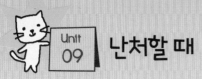

>> 녹음을 듣고 소리내어 읽어볼까요? <<< 듣기 >>>

지금 무척 곤란해요.

いま、たいへん困ってるんです。

이마, 다이헹 고맛떼룬데스

어떻게 하면 좋을까요?

どうしたらいいでしょうか。

도-시따라 이-데쇼-까

무슨 좋은 방법은 없을까요?

何かいい方法はありませんか。

나니까 이- 호-호-와 아리마셍까

어떻게 좀 해 주세요.

何とかしてください。

난또까 시떼 구다사이

화장실은 어디에 있죠?

トイレはどこですか。

토이레와 도꼬데스까

그건 좀 곤란한데요.

それはちょっと困るんですが。

소레와 촛또 고마룬데스가

다음 문장을 일본어로 말할 수 있는지 쓰면서 체크해 보세요.

지금 무척 곤란해요.

● いま、たいへん ＿＿＿＿＿＿ 。

어떻게 하면 좋을까요?

● ＿＿＿＿＿＿ いいでしょうか。

무슨 좋은 방법은 없을까요?

● 何か ＿＿＿＿＿ はありませんか。
　　 なに

어떻게 좀 해 주세요.

● ＿＿＿＿ してください。

화장실은 어디에 있죠?

● ＿＿＿＿ はどこですか。

그건 좀 곤란한데요.

● それはちょっと ＿＿＿＿＿ が。

Mini Talk

A: 何か助けが必要ですか。
　　 なん たす ひつよう

낭까 다스께가 히쯔요-데스까

무슨 도움이 필요하세요?

B: ありがとう。最寄り
　　　　　　　 も よ
　 の駅はどこでしょうか。
　　 えき

아리가또-. 모요리노 에끼와 도꼬데쇼-까

고마워요. 가장 가까운 역은 어딘가요?

말이 통하지 않을 때

>> 녹음을 듣고 소리내어 읽어볼까요? <<< 듣기 >>>

일본어는 못해요.

日本語は話せません。

니홍고와 하나세마셍

일본어는 잘 못해요.

日本語はあまりできないんです。

니홍고와 아마리 데끼나인데스

제 일본어로는 부족해요.

わたしの日本語では不十分です。

와따시노 니홍고데와 후쥬-분데스

천천히 말씀해 주시겠어요?

ゆっくりと言っていただけますか。

육꾸리또 잇떼 이따다께마스까

한국어를 하는 분은 안 계세요?

韓国語を話す方はいませんか。

캉코꾸고오 하나스 가따와 이마셍까

이것은 일본어로 뭐라고 하죠?

これは日本語で何と言いますか。

고레와 니홍고데 난또 이-마스까

다음 문장을 일본어로 말할 수 있는지 쓰면서 체크해 보세요.

일본어는 못해요.

- 日本語は ⬚⬚⬚⬚⬚ 。

일본어는 잘 못해요.

- 日本語は ⬚⬚⬚⬚⬚ んです。

제 일본어로는 부족해요.

- わたしの日本語では ⬚⬚⬚⬚⬚ 。

천천히 말씀해 주시겠어요?

- ⬚⬚⬚⬚⬚ と言っていただけますか。

한국어를 하는 분은 안 계세요?

- ⬚⬚⬚⬚⬚ 方はいませんか。

이것은 일본어로 뭐라고 하죠?

- これは日本語で ⬚⬚⬚⬚⬚ 。

 Mini Talk

A: 日本語は話せますか。

니홍고와 하나세마스까

일본어는 할 줄 아세요?

B: いいえ、あまりできないんです。

이-에, 아마리 데끼나인데스

아뇨, 잘 못합니다.

PART

06

こんなふうに言ってみろ!

다음 열고 표현도 쓰고 순으로 쓰고 있으로 쉬러내야 말합다!

쇼핑

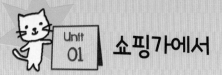

쇼핑가에서

>> 녹음을 듣고 소리내어 읽어볼까요? <<< 듣기 >>>

쇼핑가는 어디에 있나요?

ショッピング街はどこですか。

슙핑구가이와 도꼬데스까

면세점은 어디에 있나요?

免税店はどこにありますか。

멘제-뗑와 도꼬니 아리마스까

이 주변에 백화점은 있나요?

このあたりにデパートはありますか。

고노 아따리니 데파-토와 아리마스까

그건 어디서 살 수 있나요?

それはどこで買えますか。

소레와 도꼬데 가에마스까

그 가게는 오늘 문을 열었나요?

その店は今日開いていますか。

소노 미세와 쿄- 아이떼 이마스까

몇 시까지 하나요?

何時まで開いていますか。

난지마데 아이떼 이마스까

쇼핑가는 어디에 있나요?

● [　　　　　] 街^{がい}はどこですか。

면세점은 어디에 있나요?

● [　　　] はどこにありますか。

이 주변에 백화점은 있나요?

● このあたりに [　　　　] はありますか。

그건 어디서 살 수 있나요?

● それはどこで [　　　　] 。

그 가게는 오늘 문을 열었나요?

● その店^{みせ}は今日^{きょう} [　　　　　] 。

몇 시까지 하나요?

● [　　　] 開^あいていますか。

 Mini Talk

A: ショッピングセンターを探^{さが}しています。

숍핑구 센타-오 사가시떼 이마스

쇼핑 센터를 찾고 있습니다.

B: 最近^{さいきん}、新^{あたら}しいショッピングプラザができました。

사이낑, 아따라시- 숍핑구 푸라자가 데끼마시다

최근에 새로운 쇼핑 플라자가 생겼습니다.

>> 녹음을 듣고 소리내어 읽어볼까요? <<< 듣기 >>>

이 근처에 슈퍼는 있나요?

この^{ちか}近くにスーパーはありますか。

고노 치까꾸니 스-파-와 아리마스까

가공식품 코너는 어딘가요?

加工食品のコーナーはどこですか。
<small>か こう しょくひん</small>

가꼬-쇼꾸힌노 코-나-와 도꼬데스까

매장 안내는 있나요?

売場案内はありますか。
<small>うり ば あんない</small>

우리바 안나이와 아리마스까

엘리베이터는 어디에 있나요?

エレベーターはどこですか。

에레베-타-와 도꼬데스까

이것에는 보증이 붙어있나요?

これには保証が付いてますか。
<small>ほしょう つ</small>

고레니와 호쇼-가 쓰이떼마스까

지금 주문하면 곧 받을 수 있나요?

いま注文すれば、すぐ手に入りますか。
<small>ちゅうもん て はい</small>

이마 츄-몬스레바, 스구 데니 하이리마스까

다음 문장을 일본어로 말할 수 있는지 쓰면서 체크해 보세요.

이 근처에 슈퍼는 있나요?

● この近くに [　　　　] はありますか。

가공식품 코너는 어딘가요?

● 加工食品の [　　　　] はどこですか。

매장 안내는 있나요?

● [　　　　] はありますか。

엘리베이터는 어디에 있나요?

● [　　　　] はどこですか。

이것에는 보증이 붙어있나요?

● これには [　　] が付いてますか。

지금 주문하면 곧 받을 수 있나요?

● いま注文すれば、すぐ [　　　　] 。

💬 **Mini Talk**

A: 贈答用商品券はどこで買えますか。

조-또-요- 쇼-힝껭와 도꼬데 가에마스까

선물용 상품권은 어디서 살 수 있습니까?

B: はい、5階の文化センターの
入口にございます。

하이, 고까이노 붕까 센타-노 이리구찌니 고자이마스

네, 5층 문화 센터 입구에 있습니다.

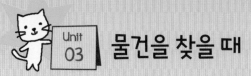

Unit 03 물건을 찾을 때

무얼 찾으세요?

何かお探しですか。
なに　　　　さが

나니까 오사가시데스까

그냥 구경하는 거예요.

見ているだけです。
み

미떼이루 다께데스

잠깐 봐 주시겠어요?

ちょっとよろしいですか。

춋또 요로시-데스까

재킷을 찾는데요.

ジャケットを探しています。
さが

쟈켓토오 사가시떼 이마스

이것과 같은 것은 없어요?

これと同じものはありませんか。
おな

고레또 오나지 모노와 아리마셍까

이것뿐이에요?

これだけですか。

고레다께데스까

다음 문장을 일본어로 말할 수 있는지 쓰면서 체크해 보세요.

무얼 찾으세요?

- 何か 　　　　　　　　　。
  _{なに}

그냥 구경하는 거예요.

- 　　　　　　　だけです。

잠깐 봐 주시겠어요?

- ちょっと 　　　　　です か。

재킷을 찾는데요.

- ジャケットを 　　　　　　　　。

이것과 같은 것은 없어요?

- これと 　　　　　 はありません か。

이것뿐이에요?

- 　　　　　 です か。

Mini Talk

A: 何かお探しですか。
   _{なに}　_{さが}

나니까 오사가시데스까

무얼 찾으세요?

B: はい、家内へのプレゼントを
   　　_{か ない}
   見ています。
   _み

하이, 카나이에노 푸레젠토오 미떼 이마스

네, 아내에게 줄 선물을 보고 있습니다.

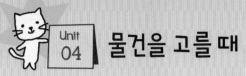

그걸 봐도 될까요?

それを見てもいいですか。

소레오 미떼모 이-데스까

몇 가지 보여 주세요.

いくつか見せてください。

이꾸쓰까 미세떼 구다사이

다른 것을 보여 주세요.

別のものを見せてください。

베쯔노 모노오 미세떼 구다사이

더 좋은 것은 없어요?

もっといいのはありませんか。

못또 이-노와 아리마셍까

사이즈는 이것뿐이에요?

サイズはこれだけですか。

사이즈와 고레다께데스까

다른 디자인은 없어요?

他のデザインはありませんか。

호까노 데자잉와 아리마셍까

다음 문장을 일본어로 말할 수 있는지 쓰면서 체크해 보세요.

그걸 봐도 될까요?

- それを [　　　　　　　　] 。

몇 가지 보여 주세요.

- [　　　　　] 見^みせてください。

다른 것을 보여 주세요.

- [　　　　　] を見^みせてください。

더 좋은 것은 없어요?

- [　　　　　　　] ありませんか。

사이즈는 이것뿐이에요?

- サイズは [　　　　] ですか。

다른 디자인은 없어요?

- [　　　　　　] はありませんか。

 Mini Talk

A: あれを見^みせてもらえますか。

아레오 미세떼 모라에마스까

저걸 보여 주시겠어요?

B: かしこまりました。はい、
どうぞ。

카시꼬마리마시다. 하이, 도-조

알겠습니다. 자, 여기 있습니다.

좀 더 깎아 줄래요?

もう少し負けてくれますか。

모- 스꼬시 마케떼 구레마스까

더 싼 것은 없나요?

もっと安いものはありませんか。

못또 야스이 모노와 아리마셍까

더 싸게 해 주실래요?

もっと安くしてくれませんか。

못또 야스꾸시떼 구레마셍까

좀 비싼 것 같군요.

ちょっと高いようですね。

촛또 다까이요-데스네

할인 좀 안 되나요?

少し割引できますか。

스꼬시 와리비끼 데끼마스까

미안해요. 다음에 올게요.

ごめんなさい。また来ます。

고멘나사이. 마따 기마스

다음 문장을 일본어로 말할 수 있는지 쓰면서 체크해 보세요.

좀 더 깎아 줄래요?

- もう少[すこ] [ ] くれますか。

더 싼 것은 없나요?

- もっと [ ] はありませんか。

더 싸게 해 주실래요?

- もっと [ ] くれませんか。

좀 비싼 것 같군요.

- ちょっと [ ] ね。

할인 좀 안 되나요?

- 少[すこ]し [ ] できますか。

미안해요. 다음에 올게요.

- [ ]。また 来[き]ます。

 Mini Talk

A: これを全部[ぜんぶ]買[か]ったら割引[わりびき]してくれますか。

고레오 젬부 갓따라 와리비끼시떼 구레마스까

이걸 전부 사면 할인해 주나요?

B: ええ、考[かんが]えますよ。

에-, 캉가에마스요

예, 생각해볼게요.

Unit 06 물건 값을 계산할 때

>> 녹음을 듣고 소리내어 읽어볼까요? <<< 듣기 >>>

이건 얼마예요?

これはいくらですか。

고레와 이꾸라데스까

전부해서 얼마인가요?

全部でいくらですか。

젬부데 이꾸라데스까

이건 세일 중인가요?

これはセール中ですか。

고레와 세-루 쮸-데스까

세금을 포함한 가격입니까?

税金を含んだ値段ですか。

제-낑오 후꾼다 네단데스까

신용카드로 지불하고 싶은데요.

クレジットカードで支払いたいんですが。

쿠레짓토 카-도데 시하라이따인데스가

왜 가격이 다른가요?

どうして値段が違うんですか。

도-시떼 네당가 치가운데스까

다음 문장을 일본어로 말할 수 있는지 쓰면서 체크해 보세요.

이건 얼마예요?

- これは [　　　] ですか。

전부해서 얼마인가요?

- [　　　] いくらですか。

이건 세일 중인가요?

- これは [　　　] ですか。

세금을 포함한 가격입니까?

- [　　] を含んだ値段ですか。

신용카드로 지불하고 싶은데요.

- [　　　　] で支払いたいんですが。

왜 가격이 다른가요?

- どうして [　　　　] んですか。

 Mini Talk

A: これ、全部でいくらですか。

고레, 젬부데 이꾸라데스까

이거 전부해서 얼마인가요?

B: はい、税込みで13,200円に
なります。

하이, 제-꼬미데 이찌만산젠 니햐꾸 엔니 나리마스

네, 세금 포함해서 13,200엔이 되겠습니다.

134 ● 이렇게 말해봐 여행일본어

포장이나 배달을 원할 때

>> 녹음을 듣고 소리내어 읽어볼까요? <<< 듣기 >>>

이건 배달해 주세요.

これは配達してください。

고레와 하이타쯔시떼 구다사이

호텔까지 갖다 주시겠어요?

ホテルまで届けてもらえますか。

호테루마데 도도께떼 모라에마스까

언제 배달해 주시겠어요?

いつ届けてもらえますか。

이쯔 도도께떼 모라에마스까

별도 요금이 드나요?

別料金がかかりますか。

베쯔료-낑가 가까리마스까

이 주소로 보내 주세요.

この住所に送ってください。

고노 쥬-쇼니 오꿋떼 구다사이

구입한 게 아직 배달되지 않았어요.

買ったものがまだ届きません。

갓따 모노가 마다 도도끼마셍

다음 문장을 일본어로 말할 수 있는지 쓰면서 체크해 보세요.

이건 배달해 주세요.

● これは [   ] ください。

호텔까지 갖다 주시겠어요?

● ホテルまで [   ] もらえますか。

언제 배달해 주시겠어요?

● [   ] もらえますか。

별도 요금이 드나요?

● [   ] がかかりますか。

이 주소로 보내 주세요.

● この [   ] に送^{おく}ってください。

구입한 게 아직 배달되지 않았어요.

● 買^かったものがまだ [   ]。

Mini Talk

A: これは配達^{はいたつ}してください。

고레와 하이타쯔시떼 구다사이

이건 배달해 주세요.

B: はい、ここに住所^{じゅうしょ}を書^かいて
　 ください。

하이, 고꼬니 쥬-쇼오 가이떼 구다사이

네, 여기에 주소를 적어 주세요.

반품하고 싶은데요.

返品したいのですが。

헴삔시따이노데스가

아직 쓰지 않았어요.

まだ使っていません。

마다 쓰깟떼 이마셍

이걸 어제 샀어요.

これをきのう買いました。

고레오 기노- 가이마시다

다른 것으로 바꿔 주세요.

別のものと取り替えてください。

베쯔노 모노또 도리까에떼 구다사이

영수증은 여기 있어요.

領収書はここにあります。

료-슈-쇼와 고꼬니 아리마스

환불해 주시겠어요?

返金してもらえますか。

헹낀시떼 모라에마스까

반품하고 싶은데요.

● _____ のですが。

아직 쓰지 않았어요.

● まだ ____ いません。

이걸 어제 샀어요.

● これをきのう _____ 。

다른 것으로 바꿔 주세요.

● 別(べつ)のものと _____ ください。

영수증은 여기 있어요.

● ____ はここにあります。

환불해 주시겠어요?

● _____ もらえますか。

Mini Talk

A: これ、買(か)ったものと違(ちが)います。

고레, 갓따 모노또 치가이마스
이거 산 물건하고 다릅니다.

B: 領収書(りょうしゅうしょ)はありますか。

료-슈-쇼와 아리마스까
영수증은 있어요?

여권을 잃어버렸어요.

パスポートをなくしました。

파스포-토오 나꾸시마시다

전철에 가방을 놓고 내렸어요.

電車にバッグを忘れました。

덴샤니 박구오 와스레마시다

유실물 센터는 어디에 있죠?

紛失物係はどこですか。

훈시쯔부쯔 가까리와 도꼬데스까

누구에게 알리면 되죠?

だれに知らせたらいいですか。

다레니 시라세따라 이-데스까

무엇이 들어있었죠?

何が入っていましたか。

나니가 하잇떼 이마시다까

찾으면 연락드릴게요.

見つかったら連絡します。

미쓰깟따라 렌라꾸시마스

다음 문장을 일본어로 말할 수 있는지 쓰면서 체크해 보세요.

여권을 잃어버렸어요.

- パスポートを 〔   〕。

전철에 가방을 놓고 내렸어요.

- <ruby>電車<rt>でんしゃ</rt></ruby>にバッグを 〔   〕。

유실물 센터는 어디에 있죠?

- 〔   〕はどこですか。

누구에게 알리면 되죠?

- だれに 〔   〕 いいですか。

무엇이 들어있었죠?

- <ruby>何<rt>なに</rt></ruby>が 〔   〕 いましたか。

찾으면 연락드릴게요.

- 〔   〕 <ruby>連絡<rt>れんらく</rt></ruby>します。

Mini Talk

A: <ruby>電車<rt>でんしゃ</rt></ruby>にバッグを<ruby>忘<rt>わす</rt></ruby>れました。

덴샤니 박구오 와스레마시다

전철에 가방을 놓고 내렸어요.

B: <ruby>何線<rt>なにせん</rt></ruby>ですか。

나니센데스까

무슨 선입니까?

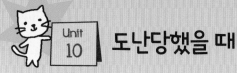

강도예요!

強盗ですよ!
ごうとう

고-또-데스요

돈을 빼앗겼어요.

お金を奪われました。
かね　　うば

오까네오 우바와레마시다

스마트폰을 도둑맞았어요.

スマートフォンを盗まれました。
ぬす

스마-토횽오 누스마레마시다

전철 안에서 지갑을 소매치기 당했어요.

電車の中で財布をすられました。
でんしゃ　なか　さいふ

덴샤노 나까데 사이후오 스라레마시다

방에 도둑이 든 것 같아요.

部屋に泥棒が入ったようなんです。
へ　や　どろぼう　　はい

헤야니 도로보-가 하잇따요-난데스

도난신고서를 내고 싶은데요.

盗難届けを出したいんですが。
とうなんとど　　　だ

도-난토도께오 다시따인데스가

다음 문장을 일본어로 말할 수 있는지 쓰면서 체크해 보세요.

강도예요!

● [　　　] ですよ!

돈을 빼앗겼어요.

● お金<ruby>金<rt>かね</rt></ruby>を [　　　　　　] 。

스마트폰을 도둑맞았어요.

● スマートフォンを [　　　　　] 。

전철 안에서 지갑을 소매치기 당했어요.

● <ruby>電<rt>でん</rt></ruby><ruby>車<rt>しゃ</rt></ruby>の<ruby>中<rt>なか</rt></ruby>で<ruby>財<rt>さい</rt></ruby><ruby>布<rt>ふ</rt></ruby>を [　　　　　] 。

방에 도둑이 든 것 같아요.

● <ruby>部<rt>へ</rt></ruby><ruby>屋<rt>や</rt></ruby>に [　　　　　] ようなんです。

도난신고서를 내고 싶은데요.

● [　　　] を<ruby>出<rt>だ</rt></ruby>したいんですが。

Mini Talk

A: <ruby>金<rt>かね</rt></ruby>をよこせ。さもないと<ruby>殺<rt>ころ</rt></ruby>すぞ!

가네오 요꼬세. 사모나이또 고로스조

돈을 내놔. 그렇지 않으면 죽이겠다!

B: お<ruby>金<rt>かね</rt></ruby>は<ruby>持<rt>も</rt></ruby>っていません!

오까네와 못떼 이마셍

돈은 안 갖고 있어요!